烈焰繁花
少女時

文 景步航

圖 千景繪

瑞昇文化

TITLE

烈焰繁花少女時

STAFF

出版	瑞昇文化事業股份有限公司
作者	景步航
插畫	千景繪

創辦人／董事長	駱東墻
CEO／行銷	陳冠偉
總編輯	郭湘齡
文字編輯	張聿雯　徐承義
美術編輯	謝彥如
國際版權	駱念德　張聿雯

排版	洪伊珊
製版	明宏彩色照相製版股份有限公司
印刷	桂林彩色印刷股份有限公司
	絋億彩色印刷有限公司

法律顧問	立勤國際法律事務所　黃沛聲律師
戶名	瑞昇文化事業股份有限公司
劃撥帳號	19598343
地址	新北市中和區景平路464巷2弄1-4號
電話／傳真	(02)2945-3191 / (02)2945-3190
網址	www.rising-books.com.tw
Mail	deepblue@rising-books.com.tw
港澳總經銷	泛華發行代理有限公司

初版日期	2024年5月
定價	NT$380／HK$122

國家圖書館出版品預行編目資料

烈焰繁花少女時 / 景步航著. -- 初版. --
新北市 : 瑞昇文化事業股份有限公司,
2024.05
　288面 ;　14.5x21公分
ISBN 978-986-401-729-4(平裝)
1.CST: 女性傳記 2.CST: 女性文學 3.CST:
中國
782.22　　　　　　　　113005053

塵煙深處那些睡去的花兒

在中國古代傳統的思想裡，一個女孩子，應當含蓄、貞潔、端莊、守禮，在家從父，出嫁從夫，恪守三從四德，謹記綱常禮節。

可是有趣的是，那些在歷史上留下姓名和事蹟的女子，好像都有些叛逆，特別是為我們所熟知的古代才女們，例如李清照、蘇小小、魚玄機、上官婉兒，她們都不是傳統意義上的好女人。她們中有的酗酒，有的賭博，有的不結婚，有的養男寵。

她們從來就不是千篇一律的美女面孔，而是活得特立獨行，千姿百態，每一位都有自己的個性、特點。可是在男性主導的世界裡，她們常常會被忽略，只有史書上關於她們的三言兩語和一些散落民間的傳聞逸事留存。千百年前真正的才女，到底是怎樣的呢？

我想寫一寫她們的故事。

這個想法在我腦中生根發芽，陪我輾轉多地。從聖達戈到北京再到紐約，這期間我接觸了形形色色的人，經歷了荒誕又真實的事。我一次次地整理行李箱，把起起伏伏的心緒一同打包好放入其中，縱是剪不斷、理還亂，也並不會阻擋我再次出發。

唯有收拾好心情，繼續走下去。

我彷彿看見千百年前四處顛沛的李清照，她獨自趕著馬車，疾馳在煙塵四起的大道上。從青州到萊州到衢州再到紹興，這一路她眼睜睜地看著至親離去，山河破碎，自己又孑然一身，若風中柳絮般漂泊無定。可她一次次地咽下痛楚，將其化作清麗旖旎的詞句。

身軀有多柔弱，心志便可有多堅韌。她能做到，我亦可以。

冥冥之中，似乎有一座橋樑連接起我和另一個時空裡的她們。我仔細品讀那些才女的詩作，搜尋歷史上關於她們的隻言片語，以及後世對她們的評價。於是她們的形象一點點豐滿，有了生動的眉眼、鮮活的聲音、柔軟的身體。她們穿過千年的歲月，一身風塵而來，然後和我面對面地坐著，要向我娓娓道來她們形色各異的一生。

我伸出手，於是感受到了她們手心的溫熱；我又閉上眼，於是聞到了她們周身的香氣。她們要解開我的一個個困惑。曾經的我很好奇，千百年前，和我一樣年齡的女孩子在過著怎樣的生活？她們經歷過怎樣的悲喜，有過怎樣的愛恨？她們是否也跟我一樣，遇見了志趣相投的人，做著喜歡的事？

這些女孩子來自不同的階層，過著截然不同的人生。有的生於大戶人家，有的來自普通家庭；有的在民間，有的在宮廷；有的覓

得良人，有的遭遇渣男；有的在情場上周旋，有的在官場中闖蕩。

寫著寫著，我發現那時的她們和現在的我們，有著太多的共同之處。絕世才女也會在錯誤的感情裡困頓，在人生的彎路上迷茫，也會遇到種種挫折、重重困難。我看到了身為女性的身不由己，但也看到了她們知其不可為而為之的勇氣與力量。重疊的生命片段，縱隔古今，亦有靈犀相通，心心相印。

我們仍然可以同沐雨露，共賞風月。

或許我們大多數人對古代女子的認知，就是相夫教子，賢良淑德。這是教科書和傳統觀念留給我們的刻板印象。但這些才女，讓我們看見了女性生命更多的可能性，哪怕是在綱常禮教極為嚴格，將女性牢牢束縛住的封建社會，她們也活出了不一樣的人生，絕不僅僅是在家當個賢妻良母，侍奉公婆，日日洗手作羹湯。（沒有說當家庭主婦不好的意思。）

我看見了一個女孩是怎樣成長的，看見了時代大背景對女性命運的影響。我想像著那個年代的她們穿著什麼樣的衣服，說著什麼樣的話，做著什麼樣的事情，愛著什麼樣的人。我誦讀她們寫下的詩詞，踏上她們走過的小路。她們陷入熱戀時的欣喜，她們身不由己時的無奈，她們不願服輸時的倔強，即便隔著時間層層的蟬蛻，我也能夠感知，能夠懂得。千百年的時光也無法隔斷這種情愫。或許只因為，我們都是女性。

女孩子當然更懂女孩子。

這樣一群在歷史上極為璀璨的女性，已經沉睡太久了。她們絕不僅僅是一個個名字，一個個代號，一個個虛無縹緲的傳奇。她們曾是一個個活生生的人。我想喚醒她們，將她們的音容笑貌、喜怒

哀樂，再次呈現在世人面前。

只恐夜深花睡去，故燒高燭照紅妝。

我慢慢地想，慢慢地寫。以筆為紅燭，去照亮那些沉睡千百年的紅妝玉面。

對文字與生俱來的熱愛，是受到我家庭的影響。我的奶奶是語文老師，我很小的時候便跟著她吟誦唐詩宋詞。爸爸作為中國第四代詩人，在二十世紀八九十年代有著深遠的影響，《詩刊》的評論稱他為「少俠景旭峰」。他當年由作家出版社出版了詩集《八九十年代》，其中那首《江湖令》讓我多年來反覆咀嚼回味——「快疾的鷹翅在黑暗衰亡的時刻劃亮天空／微光映照下／更加激烈的馬蹄／如雪白的蝴蝶／貼著潮濕的大地上下翻飛」「我在朦朧的醉意中／將卷藏如鉤的殺氣深鎖進眉宇間」。那時仍年少的我為這樣精妙的詞句所傾倒，這種不朽的詩意終於綿延至我。

而我的媽媽雖然攻讀的是管理學的博士，卻也愛在閒暇時寫寫文章。她是長三角地區文藝聯盟網刊《湖海邊》的專欄作者，筆下的小文清新雋永，如一泓蕩漾的碧水，流淌在春風沉醉的江南岸。我在這樣充滿書香的家庭中長大，耳濡目染，自然天生喜愛詩書。

想來古代才女的養成，不僅因其出身於書香門第，更因為有名師一路指點。魚玄機拜在大詩人溫庭筠門下，李清照有其父李格非言傳身教，我雖難以與她們相較，卻也幸運地遇到了恩師提攜、貴人點化。

我高中的語文老師晏輝老師，是正式引領我進入文學大門的人。他對我的偏愛與欣賞、鼓勵與栽培，如明燈般照耀與指引著我蹣跚前行的寫作之路。兩年前我出版了第一本散文集《一騎輕

塵》，因此書而有幸得到梁宏達老師的賞識，於是正式拜梁老師為師，跟著他學習中國古典文化。梁老師對於傳統文化與詩詞歌賦的精通，實在讓我望塵莫及，常有「聽君一席話，勝讀十年書」之感。創作本書期間，我又有幸得到中信出版社社長王斌伯伯的指點，對於女權意識有了更深一層的領會。而此書的編輯張攀老師，則是我的伯樂。出於對此書的欣賞，張攀老師在此書出版期間用心策劃，每處細節都力臻完美，希望讓這本書以最好的模樣呈現在讀者面前。

這本書中的才女們生活在另一個時空，而我的身邊，也有這樣一群美好的女孩子時時給予我溫暖和力量，讓我在人生道路上從未感到過孤單。

我的閨密譚茜伊，她陪我看過的，何止是聖達戈絢爛的晚霞和夏威夷漫天的星辰，更是我生命中的一幕幕風景，無論好的壞的，只要有她在，我都無比安心。去年遇到了一些小困難，我無奈輾轉多地，這期間還好有我的姐妹們——馬悅、何雨璟、齊子昕和伊莉莎白，在我困頓無助時堅定地握住了我的手。陌生的城市有她們為我描繪聲色與光影，為我帶來一室的溫暖與飯菜的香氣。

正如最近很火的那句話所說的，「Girls help girls」（女性幫助女性）。

這些美好的女孩子，不論她們來自古代或生活在現代，都是我生命中的驚鴻倩影。烈焰繁花少女時，我們彼此陪伴，一起走過。

目錄

卓文君

姐的牌坊自己立

001

班婕妤

別低頭，王冠會掉

027

（１７７？－２４９？／漢朝）

蔡文姬

地獄模式怎麼玩

謝 道 韞

（ 3 3 5 ？ － 4 0 5 ？ / 晉 朝 ）

謝道韞

最颯女神嫁錯了人

079

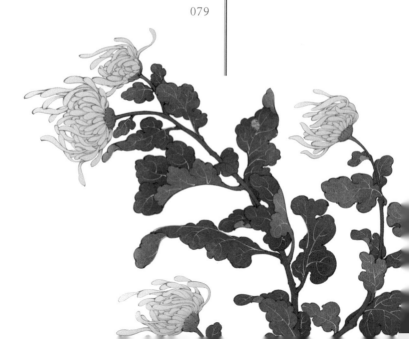

蘇　小　小

（４７９－５０２？／南北朝）

蘇小小

小小玻璃心，一碰就碎了

105

上官婉兒

（664－710／唐朝）

上官婉兒

談戀愛不如搞事業

125

薛　濤

（ ７ ６ ８ ？ － ８ ３ ２ / 唐 朝 ）

薛濤

初代網紅的圈粉之路

151

魚玄機

（８４４？－８６８／唐朝）

我那被嫌棄的一生

179

李　清　照

（１０８４－１１５１？／宋朝）

李清照

姐就是女王

205

李香君

秦淮女團C位出道

235

李　香　君

（１６２４－１６５３／明朝）

景步
航一

卓　文　君

（前 1 7 5 －前 1 2 1 ／ 漢 朝 ）

姐的牌坊自己立

卓文君

1

　　兩千多年前的某個夜晚，月色如同往常一樣靜謐無聲。蜀郡臨邛（今四川邛郲）的某富商家裡卻雞飛狗跳，亂成了一鍋粥。

　　這家的千金大小姐，跟一個僅有過一面之緣的男人跑了。

　　這戶倒楣人家的男主人名叫卓王孫，祖上以冶鐵為業。到了他這一輩，已經積攢下了萬貫家財。再加上卓老爺天生極具商業頭腦，生意做得風生水起，成了當地巨富。此刻卓老爺氣得快要原地爆炸了。他視若珍寶的女兒，居然和一個來路不明的小子，連夜私奔了。這個新聞明天一定會登上蜀郡的頭版頭條，畢竟他赫赫有名的卓家，在當地影響力極大，而他貌美如花的女兒，是多少富二代、官二代等一眾青年才俊的夢中情人。這下老臉可丟大了，不知會被那些眼饞卓家千金的人怎樣嘲笑呢。

　　這位為愛出逃的叛逆少女，就是大名鼎鼎的才女卓文君。

　　卓大小姐是個名副其實的「白富美」，集萬千寵愛於一身。她就是「瑪麗蘇小說」的女主角，美貌、才氣、家世全都擁有了，就差一段轟轟烈烈的愛情。從出生起，卓文君就被卓老爺愛惜地

捧在手心，卓家上下也都對這位小公主呵護備至。在錦衣玉食的滋養下，卓小姐出落得愈加明豔動人。《西京雜記》中記載她是「眉色如望遠山，臉際常若芙蓉，肌膚柔滑如脂」。卓老爺子一臉寵溺地看著自己的寶貝女兒，心裡想著，全世界最好的，我都要給我閨女。於是卓文君從小就是限量版錦衣羅裙想要就買，訂製款珠翠髮簪應有盡有，她的衣帽間和梳妝檯，簡直就是萬千少女夢想擁有的。卓文君的日常生活，就是每天從五平方米的豪華大床上醒來，吃個精緻的早餐，然後跟著專門請到家裡來的老師學習音律和文學，下課後就彈彈琴寫寫詩，過著神仙一般的生活。

這樣被保護得很好的女孩子，從來不知道世事險惡。她的世界裡，只有風花雪月。她乖巧，聽老爸的話，每一步都走在已經鋪設好的平坦大道上。在十六歲那年，她聽從父母之命、媒妁之言，嫁給了一個同樣家世顯赫的公子，換了個地方繼續當她的大小姐。不太幸運的是，這位在歷史文獻中都不配擁有姓名的公子，年紀輕輕就因病去世了。女主角卓文君的精彩故事還沒開始，這位公子就早早地成了一杯黃土。彷彿一切都在為她之後那段波瀾壯闊的愛情做鋪墊。

老公死了，也不是什麼大事。畢竟卓文君並不是那種要靠著嫁人來改變命運的女孩子，條件優越的原生家庭是她堅實的後盾。卓老爺想著，乾脆就把自己的寶貝女兒接回來吧，省得自己天天惦記。自己有的是錢，養閨女一輩子也沒問題。於是卓文君在家當起了小寡婦。她的生活還是和從前無異。那個英年早逝的前夫，很快就被翻篇了，並沒有讓她的心緒發生太大的起伏。

而在家當著小寡婦的卓文君，並不知道自己的婚事是人們茶餘飯後談論的熱點話題。蜀中的男人都對如今單身的卓文君垂涎不已，然而並沒有人有過提親之類的實際行動。一來呢，卓文君再好，到底已經結過一次婚了，有頭有臉的人家對這方面是有忌諱的；二來呢，卓文君的擇偶條件很高，資質平平的人她又看不上，不想將就。這樣一來，卓文君再嫁的事就被耽擱了。不過她自己也不著急，反正在家的小日子過得挺滋潤的，感情這事，就隨緣吧。

　　只是卓文君心底還是有些說不出的遺憾和落寞。

　　當初聽老爸的話稀里糊塗地結婚了，至於愛情的滋味，實在是沒有細品。畢竟和第一任丈夫都還沒有培養出感情呢，他就一命嗚呼了。而且剛結婚的時候，卓文君對這個人也說不上多喜歡。可是不管怎麼說，一次婚姻之後，卓文君不再是個黃花大姑娘了，經歷過人事，便食髓知味。她想要再次品嘗了。

2

　　卓文君雖然是位大家閨秀，但她並不是只讀著儒家經典長大的。青春期時，她也躲在閨房裡偷偷看過言情故事，對於那些驚天地泣鬼神的愛情，她有著無限的神往。第一次嫁人的時候，她是有些遺憾的，自己對這位公子並沒有什麼心動的感覺，書裡的浪漫愛情，都是騙人的嗎？

　　這個疑惑的解開，是在遇見司馬相如的那一刻。

卓文君永遠記得那一天，百無聊賴的她逛著自家的後花園，看見僕人們忙裡忙外，一問才知道，原來今天有貴客臨門。卓文君心裡好奇，誰這麼大面子，值得老爸差人準備這麼隆重的宴席？於是宴會開始的時候，卓文君就偷偷地躲在簾子後面觀察。只見宴客廳裡坐了上百個客人，為首的便是當地的一把手──縣令王吉，以及另一位富商程鄭。卓文君心裡更加疑惑了，就這也值得我爹擺這麼大陣勢？畢竟卓大小姐跟著她老爸，也是見過大場面了，什麼達官貴人沒見過？她有一點失望，準備再過一會兒就離開。就在這時，一個年輕人出現了。

看見他的那一瞬間，卓文君的心臟，漏跳了一拍。

這個年輕人目測身高至少一米八，長身玉立，眉眼俊朗，白衣飄飄。在卓文君的眼裡，他連頭髮絲都在閃閃發光。宴席之上的絲竹管弦之聲戛然而止，只聽這位帥哥用充滿磁性的聲音說道：「在下司馬相如，拜見各位大人。」

司馬相如。多麼好聽的名字，簡直就是偶像劇男主的標配。卓文君此時心裡就像打翻了一瓶酸酸甜甜的草莓味氣泡水，全身都在冒著粉紅色的泡泡。難道這就是怦然心動的感覺嗎？

司馬相如恭敬地向縣令和卓老爺行了禮，抬頭起身的那一刻，他的目光正好撞上了卓文君藏在簾子縫隙中的那一雙美麗的大眼睛。目光與目光，隔著觥籌交錯的賓客和重重的桌椅，電光石火般交纏在了一起。卓文君頓時臉紅耳熱，整個人暈乎乎的，好像喝醉酒一般。難道這就是戀愛的感覺嗎？

她聽他一邊撫著琴，一邊吟唱著他自己創作的辭賦。他的文

采可真好啊，長得帥就算了，還如此有才，這誰抵擋得住呢？怎麼感覺他的這首《鳳求凰》，字字句句都是衝著我來的呢？「有一美人兮，見之不忘。一日不見兮，思之如狂。」他口中的美人，會不會就是我呢？

正在卓文君胡思亂想的時候，司馬相如又看似不經意地瞥了她一眼。這一眼，如此深情綿邈，分明是在向自己傳遞情意，暗送秋波。卓文君感覺到自己的全身都在燃燒，心也狂跳不止。此刻的她，已經自動屏蔽掉了宴客廳內除司馬相如之外的上百號人，包括她的老爸卓王孫。卓文君的眼裡，現在只有這個風度翩翩的公子了。她心想，既然老天賜我這場浪漫的邂逅，那我一定要抓住機會。

於是卓小姐在心裡暗暗做了決定。

3

然而這個浪漫故事的另一個版本，恐怕要讓卓文君小姐失望了。她以為的「金風玉露一相逢」的美好邂逅，實際上，是一場蓄謀已久的表演。說白了，就是卓小姐被「套路」了，但她自己渾然不覺。

以嚴謹求實著稱的千古絕唱《史記》，對於這段故事也有所記載。司馬相如原名犬子，這名字就跟狗剩、二蛋差不多。他爹媽可能是相信賤名好養活，就隨隨便便給他取了這麼個名字。司馬犬子因為這個聽起來不太聰明的名字，從小就受到了同學朋友們

的各種嘲笑。於是長大之後他就立馬把名字給改了。因為特別崇拜戰國名臣藺相如，他就改名為司馬相如，這個體面的名字比較方便他闖蕩江湖。司馬相如長相帥氣，頭腦聰穎，在辭賦音律上極有天賦，只可惜他是個不折不扣的窮小子，要錢沒錢，要門路沒門路。人窮，但他志不短，天天想著有朝一日飛黃騰達。司馬相如的鴻鵠之志也不是憑空而來的，畢竟人家有才氣有顏值，就是缺了個展示自我的機會。

後來的事實證明，人還是得有夢想的，萬一哪天一不小心就實現了呢？

早年司馬相如一直很不得志，他擅長辭賦和音律，卻陰差陽錯當了漢景帝的武騎常侍，平時陪著漢景帝打打獵，而且也不是貼身的那種，只是湊個熱鬧。這就相當於找了份專業不對口，自己又不喜歡的工作，整得司馬相如都快抑鬱了。沒過多久他就決定辭職不幹了。

這沒了收入，又沒家底，咋活下去呢？饅頭榨菜都快吃不起了。都說在家靠父母，出門靠朋友。還好司馬相如少年時結識過一位好友，叫作王吉，如今王吉當了臨邛縣縣令，也算是發達了。王縣長仍記得年少時和司馬相如許下的「苟富貴，毋相忘」的誓言，現在聽說自己的好兄弟最近有些落魄，於是熱情地邀請相如來臨邛玩，還包吃包住。有這等好事，司馬相如便立刻欣然前往。

這個王縣長成了改變司馬相如命運的關鍵人物。

兩個人見了面一邊喝酒一邊聊天。王吉就和相如聊起了臨邛

縣最近發生的八卦新聞，提到了卓家大小姐新寡的事。王吉說：「相如賢弟，我們縣的卓小姐又美又有錢，關鍵是現在單身，你不是精通音律辭賦嗎？這卓小姐啊，就好這一口。」司馬相如苦笑道：「我這麼窮，要啥沒啥，人家能看上我嗎？」王縣長說：「這可是你鹹魚翻身的好機會啊，我有一計，且聽我慢慢道來。」

司馬相如和王吉接下來折騰的一切，都是為了卓家的千金大小姐。一齣被紅塵男女粉飾了千年的好戲「鳳求凰」就這麼上演了。

王縣長每天有意做出無比謙恭的樣子，去拜訪司馬相如。而司馬相如則是擺出了一副矜持清高的姿態。一開始還勉強見一見王吉，後來乾脆次次婉拒。王吉真是中國好兄弟，非常盡力地配合他的表演，相如越是拒絕，王吉就越是表現得畢恭畢敬。

臨邛縣的老百姓們開始不解了。能讓我們堂堂的縣長大人屈尊降貴而不得見的，到底是什麼了不起的人物？就連當地首富卓王孫，腦子裡也冒出了無數的問號，被這個人吊足了胃口。於是他決定辦一場大宴招待王縣長，順便邀請這位神祕的貴客，以便一睹他的真容。

收到邀請之後的司馬相如嘴角露出了一絲得意的微笑，很好，魚兒上鉤了，我已經成功引起了老卓的注意。

宴請這天，王縣長先去了卓府，司馬相如則遲遲沒有動身前往。當上百賓客都入席等候了，司馬相如還未現身。卓王孫見這位貴客一直不來，便專門派人去請他。此時司馬相如便開始飆演技了，他故意裝出一副虛弱的樣子，說自己身體不適去不了，無

奈抱歉之中又帶著一絲絲驕矜自持。去請司馬相如的人便回到卓府，如實稟報了情況。這時候最佳男配角王縣長再度上線，他對卓王孫說：「唉，我這貴客不來，我也吃不下啊，您等著，我親自去請他來。」於是卓王孫心裡對這個神祕人物更加好奇了，還沒見著他的人影，敬慕之情便已油然而生。那一天，整個臨邛縣有頭有臉的人物，都在恭候著司馬相如的大駕。

司馬相如和王吉配合得天衣無縫，成功忽悠了整個臨邛縣的人，奧斯卡都欠他們兩座小金人。

終於，這位英俊瀟灑的大帥哥閃亮登場了。宴席之上，他演奏了一首早已準備好的《鳳求凰》。一邊撫琴，一邊吟著歌賦，其聲如慕如訴，深情綿邈，令在座的所有人驚豔，自然也包括躲在簾幕之後的卓文君。其實從一入席開始，司馬相如就發現有人在後面偷看。那雙楚楚動人又飽含嬌羞的大眼睛，在和司馬相如的目光撞上的那一瞬，慌亂地閃開了。司馬相如多聰明，他心裡一下就明白了，這一定是卓家大小姐，也就是他此行的目標。於是司馬相如就演奏了這首早已排練過無數遍的《鳳求凰》：

> 有一美人兮，見之不忘。
>
> 一日不見兮，思之如狂。
>
> 鳳飛翱翔兮，四海求凰。
>
> 無奈佳人兮，不在東牆。
>
> 將琴代語兮，聊寫衷腸。
>
> 何日見許兮，慰我彷徨。

願言配德兮，攜手相將。

不得于飛兮，使我淪亡。

　　在場所有人都以為這是一場精彩的才藝展示，其實這是一次隱晦又大膽的勾引。相如之意不在酒宴，而在於卓文君大小姐。卓老爺嘖嘖讚歎這個年輕人的時候，是萬萬也沒有想到，他的寶貝女兒，就這麼被勾走了。宴席之上，司馬相如對卓文君或明顯或曖昧的勾引，她從一開始就領悟了。那繾綣纏綿的琴音，如同魔咒一般縈繞在卓文君心頭。

　　被愛情沖昏了頭腦的她，毅然決定為愛出逃。

4

　　為什麼富家千金卓文君，會如此輕易就被一個不知底細的男人拐跑了呢？照理說她是見過世面的女孩子，從小不缺愛，身邊也從不缺傾慕者和追求者。或許我可以以一個女性的視角，去揣測一下她的內心想法。對卓小姐來說，無論是少女時代的閨閣生活，還是前夫去世之後的寡居生活，雖然安逸富裕，卻都是有些無聊的。她所瞭解和接觸到的人，都是想巴結老卓家或是討好自己的，卓小姐對於他們，已經是見慣不驚了。

　　而三邀四請都不來的司馬相如，則是如同一股辛辣，注入卓文君純甜的生活。從小受盡寵愛，並且習慣了人們對她百依百順的女孩子，對於一個桀驁不馴、初次見面就敢公然挑逗自己的男

人，是毫無抵抗力的。她一向乖巧的外表下所隱藏的叛逆火苗，「嘩啦」一下就被點燃了，並且熊熊燃燒，大有星火燎原之勢。這就註定了要釀成一個驚天動地的結局。

　　而且卓文君並不是深鎖閨閣、未經人事的女孩子，她是經歷過男人的。她已經打開過新世界的大門，不會再像純白如紙的少女那樣，面對喜歡的人只能嬌羞無措，躲進閨房偷偷想念。她的眼睛，已不再盛滿少女專屬的天真了，而是還有了一點女人的風韻，這是帶有一絲情欲意味的。畢竟大部分的一見鍾情，都包含著見色起意的成分。

　　再者說，司馬相如的造勢和作秀，也是發揮了很大效果的。卓小姐即便深居閨房，也一定會對這個敢於拒絕縣長大人的年輕人有所耳聞。她的心裡已經埋下了一顆好奇的種子。對於這個神祕的貴客，她也和其他人一樣，急切地想要探尋和瞭解。況且司馬相如早已從王吉那裡打聽到卓文君極愛琴瑟音律，所以他對症下藥，在初次亮相的時候表演了一曲《鳳求凰》，成功收穫了卓文君的少女心。若說愛情是一場博弈，此時司馬相如在暗，而卓文君在明，誰處在上風，一目了然。說白了，他早就吃定了卓文君。只是可能連司馬相如也沒有料到，這位卓小姐，對他愛得如此熱烈，第一次正式約會的夜晚，就決定和他私奔。

　　那天晚上月色如水，卓小姐在月光裡浸了個透，淹得遍體通明。她淑女的舉止是父母和禮教強加給她的，但她的眼睛屬於她自己。卓文君用濕漉漉的目光鎖住了眼前的這個男人，暗暗說道：「無論是去哪裡，我都跟你走。」

那麼深情綿邈，義無反顧，一直在清醒佈局的司馬相如，竟然有了心動的感覺，這感覺就像喝多了一樣，有些上頭。心動，是意料之外的事。他最初的目的，只是把卓文君當作一枚棋子，一個幫他往上爬的梯子。

那麼為什麼卓文君不大大方方地和她的老爸說自己喜歡司馬相如，然後由她爸爸操辦婚禮，光明正大地嫁給相如呢？畢竟不明真相的卓王孫，此時也是很欣賞司馬相如的。可是別忘了，卓文君是個寡婦。「烈女貞婦」的枷鎖又美又沉重，困住了那麼多女人的一生。而且在古代，改嫁是一件很丟人的事情，注重顏面的大戶人家就更不會允許這種事情發生了。曾有人問北宋理學家程頤：「人或居孀貧窮無托者，可再嫁否？」程頤回答：「只是後世怕寒餓死，故有是說，然餓死事極小，失節事極大。」

卓文君心裡很清楚，想要和司馬相如在一起，就只能私奔。於是便有了這麼一齣名傳千古的「文君夜奔」。

5

後世的人總說，司馬相如琴挑卓文君，是一段才子佳人式的浪漫愛情故事。兩千多年前的月色裡，卓文君收拾行囊跟著司馬相如私奔，被奉為一段女性反抗封建禮教、勇敢追求愛情的佳話。

可是生命是一襲華美的袍，上面爬滿了蝨子。

現實遠沒有人們想像中那般美好。沾染著私欲的真相被揭開時，就像陽光下彩色的泡沫，猛然間被戳破了，那樣夢幻，那樣

流光溢彩，也不過是一場空。

　　當卓文君跟著司馬相如來到了他成都的家，她才發現，這個外表光鮮的男人，住的地方卻家徒四壁，要啥沒啥。那一瞬間，卓文君絕對是有些後悔的，自小習慣了錦衣玉食的她，是不可能如人們所想的那樣，可以為了愛情而安於貧困。但是卓文君此時，已經沒有回頭路可以走，她只能打碎了牙往肚子裡咽，跟司馬相如過上吃了上頓沒下頓的日子。自己選的路，哭著也要走完。

　　不過還好，這個男人是她喜歡的。俗話說有情飲水飽，熱戀期的甜蜜也暫時夠填飽咕咕叫的肚子了。買不起玫瑰花，那就送一束芹菜；買不起鑽石戒指，那就用狗尾巴草編一個。卓文君被司馬相如那點甜言蜜語哄得昏了頭，自以為找到了真愛。

　　而她的老爸卓王孫，此時氣得鬍子都在發抖。他意識到自己是被司馬相如這小子給要了。對於自己捧在手心寵著長大的女兒卓文君，老卓是無限的失望。自己辛辛苦苦養的鮮嫩的白菜，就這麼輕易地被一隻不知道哪裡來的豬給拱了。而自己不僅被蒙在鼓裡，還成了推波助瀾的幫兇。要是不邀請司馬相如來做客，寶貝女兒也不會被拐跑啊。這可太丟人了。為了挽回一點臉面，老卓狠下心決定，對他們進行經濟制裁，一個子兒也不給。

　　那時的卓文君還太年輕，她還不明白，沒有物質的愛情，就是一盤散沙。年輕的女孩子們很容易陷入一段感情裡，家不要了，錢不要了，父母也不要了，只要自己認定的那個人。一無所有沒關係，眾叛親離也沒關係。只要有他在，再苦都是甜的。一頭栽進去，撞得頭破血流都不回頭。

這是典型的戀愛腦。

司馬相如沒有白費心機，終於抱得美人歸。他看著自己簡陋的家裡忽然多出了卓文君這麼一個衣著華美的女子，心裡閃過了一絲異樣的感覺。他的確是有計謀得逞後的得意，但那點得意，竟漸漸融化在卓文君柔情似水的目光裡。如今對卓小姐，司馬相如絕不僅僅是把她當作一顆改變自己命運的棋子的。或許一開始，他對這個美麗的千金大小姐，只是出於男人對於一個有錢的美女人之常情式的傾慕和渴望。但這個女子躲在簾幕後的驚鴻一瞥，以及她在如水月光裡溫柔又堅毅的眼神，都讓他真實地心動了。

人都有多面性，包括那些遼遠的歷史人物，不能簡單地給他們貼上多情公子或心機小人的標籤。正如司馬相如，他可以一邊愛著卓文君，一邊又為自己的私欲而籌謀。這兩者並不矛盾。而對卓文君，也不必強行給她扣上為了愛情而對貧困生活甘之如飴的高帽子，卓小姐其實根本過不下去吃糠咽菜家貧如洗的苦日子。熱戀期過去之後，風花雪月還是會敗給柴米油鹽。文采風流的司馬相如和才貌雙全的卓文君，一定也會為了菜場大蔥漲了幾文錢而煩惱，也會為了誰洗碗而吵架。琴瑟在御，莫不靜好，那是富貴閒人的愛情。老百姓可沒有那個閒情逸致，餓著肚子還能醉月飛觴、吟詩作對。

時間久了，這場愛情的美夢也差不多該醒了。卓大小姐終於受不了一邊吃飯一邊打蟑螂的日子，於是她向司馬相如提議，親愛的，不如我們回臨邛吧，我找親戚朋友們借點錢開個酒館，好

歹能改善一下生活。司馬相如聽了挺開心，心想，我磨不開面子主動提回臨邛，終於等到你說這句話了。

於是兩個人簡單收拾了一下，賣掉了唯一值點錢的車馬，卓文君又跟同族兄弟們借了點錢，盤下了一間小小的酒館，就開在卓府不遠處。

6

司馬相如尋思著，這開個小酒館也掙不到什麼錢啊，還是得讓卓老爺子出手幫忙才行。他眼珠子滴溜溜一轉，一個好計策又冒上心頭。他對卓文君說：「親愛的，我倆分個工吧，我在後邊洗杯子幹粗活，你就在店鋪前負責收銀，這活輕鬆，可不能把我的寶貝累到了。」卓文君聽了心裡還挺感動，高高興興地答應了。

於是美女當壚賣酒，便成了這條街上令人駐足的一道風景。賣酒的時候，卓文君不經意間會挽起袖子，露出一截白皙的手腕。壚邊人似月，皓腕凝霜雪，這是多麼旖旎誘人的畫面啊。人們都聞訊而來，一飽眼福。本來這種大戶人家的「白富美」，平時大門不出、二門不邁的，人們是見都見不到一眼的，如今竟然和那些殺豬的賣菜的一起，擠在嘈雜的市集上，真是稀世奇景。曾經那麼高貴的大小姐，現在似乎誰都可以言語調笑她兩句，甚至趁機揩個油。

文君當壚賣酒的事，一下上了臨邛的熱門話題第一名，街頭巷尾人人都在議論，首富卓王孫的女兒，居然淪為賣酒女。

其實卓文君何嘗不知道，女子拋頭露面賣東西，是件很不體面的事呢？只是此時，被現實逼得走投無路的她，也只能出此下策。畢竟這個男人是自己選的，有多少委屈，也只能囫圇吞下。

臨邛縣的吃瓜群眾，有的來看熱鬧，有的幸災樂禍，還有唯恐天下不亂的，專門跑去告訴卓老爺，不嫌事大地火上澆油。卓老爺子氣得血壓飆升，自己的閨女就在家門口當壚賣酒，這不是故意丟自己的老臉嗎？不行，我老卓不能繼續當整個臨邛縣的笑柄了。

開家族會議的時候，老卓的兄弟長輩也勸他：「文君現在已經是司馬相如的老婆了，這是板上釘釘的事。你再不樂意，又有啥子辦法嘛。再說司馬相如這小子，也確實有點才氣，這女婿，你就認了吧，反正你也不缺錢，不如接濟一下這小倆口。事情再鬧下去，丟的不還是我們卓家的臉嗎？」

卓王孫無可奈何地妥協了。史書上說，他最終分給了文君奴僕百人，錢百萬，讓小倆口回成都安家置業去了。司馬相如一下從一個沒錢沒車沒房的草根，逆襲成了坐擁豪宅、奴僕成群的「高富帥」。不得不說，他這盤棋，佈局得實在精妙。前期靠造勢和表演，收穫了一個卓文君，然後又一步一步謀得了老卓的家產，從此下半輩子都不用愁了。

俗話說好事成雙，司馬相如這段時間如同錦鯉附身，運氣出奇地好。他之前寫的一篇《子虛賦》，被當朝天子漢武帝看到了。漢武帝以為這是前朝某個才子寫的，一邊嘖嘖讚賞一邊感慨道，要是能和這個作者生在一個時代就好了。旁邊的大臣立馬說：「這

人就是跟您在一個朝代啊，他人就在成都呢。」漢武帝一聽，立刻就傳召司馬相如進長安。被皇帝賞識，這可是天大的榮耀啊。司馬相如覺得自己的春天真的要來了。而卓文君，簡直比司馬相如還激動，她恨不得立刻飛鴿傳書給老爸，讓他知道自己當初沒有選錯人。

司馬相如就這麼在卓文君充滿崇拜的熾熱目光裡，啟程前往長安了。他的人生從此就像開了掛一樣，一路高升。到了長安後沒多久，他又以一篇《上林賦》被封為郎，也就是皇帝的私人高級助理，天天都跟著漢武帝，要多風光有多風光。司馬相如可以說是人生贏家，娶上了白富美，當上了高官，就此走上了人生巔峰。

而在家裡的卓文君，聽說老公這麼有出息，雖然為他高興，但獨守空房的日子，可真不好受。

7

卓文君第一次嘗到了相思的苦楚。家裡奴僕上百，自己卻彷彿置身空房。她有時坐在重重翠紗羅綺的房中刺繡，細細密密的針腳都是她思夫的心事。一個人待著的時候最容易胡思亂想了。卓文君常常自言自語：「不知道我老公現在在幹啥呢？京城的美女是不是很多？他會不會愛上別人啊？」她有時坐在院中的涼亭裡賞花賞月，可是良辰美景縱有千種風情，又能和誰分享呢？

司馬相如最近寄回來的家書越來越少，問他啥時候回來，他

卻總是推說工作太忙了。女人的第六感告訴卓文君，老公在外面有情況了。

果不其然，這次司馬相如寄回來的家書頗有深意。信上只有幾個數字：一二三四五六七八九十百千萬。卓文君多麼聰明一女人，一下就發現，十三個數字，獨獨缺了一個「億」。無「億」便是無憶，也是無意，所以這封信的中心思想，就是司馬相如想對卓文君說，我對你，已不再有掛念了。有文化的人就是不一樣，連寫給老婆的訣別信，都如此含蓄巧妙，暗藏玄機。

所以愛會消失對不對？收到信時，卓文君雖然置身在溫暖的陽光下，卻手腳冰冷，心涼如水。她想起自己為愛私奔的那天晚上，寒風凜冽，只是那時心如熱火，絲毫不覺得冷。卓文君的猜測沒有錯。司馬相如這個鳳凰男如今飛上枝頭了，不免有些得意。卓文君是好，美麗有才的小富婆，還對自己全心全意，可她人在成都，遠水解不了近渴啊。司馬相如看著身邊的同僚都妻妾成群，也心癢癢了，而且剛戀愛時的激情已經過去了，卓文君的容顏都在司馬相如的腦海中模糊起來。於是他給卓文君寫了這封家書，暗暗地表達了自己的意思。

現在的卓文君，已經沒剛戀愛的時候那麼衝動了。現實的一瓢冷水，澆得她透心涼。即便是戀愛腦，此刻也清醒多了。可她還是困惑不已，到底哪裡出錯了呢？我對他那麼好，陪他吃了那麼多的苦，他怎麼可以變心呢？

可對一個不負責任的男人來說，恩和義都是受苦，情和愛才是快活。陪著他悲戚與共，陪著他吃糠咽菜，那又如何呢？後來

的陳世美、薛平貴的故事，我們已經聽了太多太多。

　　一段婚姻，不可能從始至終都是和諧美滿的，總會有出問題的時候。可在大多數感情裡，想方設法挽回婚姻的，都是女性。

　　而卓女士對於丈夫數次變心的回應，堪稱古代版絕望主婦打贏婚姻保衛戰的優秀典範。普通女子面對丈夫功成名就之後的變心，要麼哭哭啼啼、苦苦挽留，要麼撒潑耍賴、吵吵鬧鬧，但卓文君可是個琴棋書畫樣樣精通的大家閨秀啊，這麼多年的書不是白讀的。她並沒有尋死覓活，一哭二鬧三上吊，而是做了一百個深呼吸，又和自己說了一百遍，淡定。然後她給司馬相如回了一首《怨郎詩》。

一朝別後，二地相懸。

只說是三四月，又誰知五六年？

七弦琴無心彈，八行書無可傳。

九連環從中折斷，十里長亭望眼欲穿。

百思想，千繫念，萬般無奈把郎怨。

萬語千言說不完，百無聊賴十倚欄。

重九登高看孤雁，八月中秋月圓人不圓。

七月半，秉燭燒香問蒼天，

六月三伏天，人人搖扇我心寒。

五月石榴紅似火，偏遇陣陣冷雨澆花端。

四月枇杷未黃，我欲對鏡心意亂。

急匆匆，三月桃花隨水轉。

飄零零，二月風箏線兒斷。

噫！郎呀郎，巴不得下一世，你為女來我做男！

　　這一段卓文君作數字詩挽回司馬相如的故事，並沒有被正史所記載，只是民間的傳說而已。然而這首薈萃了民間智慧的詩歌，恐怕是世間萬千遭到丈夫冷落的女子字字泣血的申訴。自古總是薄情郎君辜負多情女子，即便是卓文君這樣有錢有才有顏值的「白富美」，都逃不過老公發達了就變心的定律。用寫詩來挽回丈夫的心，是卓文君作為一個女子，極其柔婉卻綿裡藏針的爭取。

8

　　司馬相如還算有點良心，或許是他顧念與卓文君之間的夫妻恩情，有些於心不忍。但他想找新歡的念頭如同頑強的小火苗，一直都沒有熄滅過。在京城的日子，可以說是燈紅酒綠，曾經是窮小子的司馬相如，哪裡抵擋得住聲色犬馬的誘惑呢？沒多久他又看上了一個茂陵女子，想要納她為妾。這個小三，雖然沒有卓文君美麗，沒有她有錢，更沒有她有才氣，但她的年輕嬌俏，讓司馬相如流連在溫柔鄉中樂而忘返。這種婚外情的新鮮感和刺激感，對一個男人的誘惑是致命的。

　　事情很快傳到了卓文君那裡。婚姻再度遇到危機，已經有了應對經驗的卓文君，又寫了一首《白頭吟》：

皚如山上雪，皎若雲間月。聞君有兩意，故來相決絕。

今日斗酒會，明旦溝水頭。躞蹀御溝上，溝水東西流。

淒淒復淒淒，嫁娶不須啼。願得一心人，白頭不相離。

竹竿何嫋嫋，魚尾何簁簁。男兒重意氣，何用錢刀為！

　　這首情深意切卻又不卑不亢的《白頭吟》，讓我看見的，是一個女子面對丈夫變心，體面又智慧的應對。簡要概括這首詩的意思就是，我還是很愛你，但你讓我傷心了，辜負了我對你的深情，所以現在，老娘要和你恩斷義絕。

　　曾經被慣壞了的嬌小姐卓文君，任性衝動過，敢愛敢恨過，年輕時的她，就是個不折不扣的戀愛腦。但在經歷了一系列的變故和現實的磨礪之後，她學會了成熟冷靜地去面對和處理感情問題。卓小姐並沒有因為愛一個人就徹底放棄自己的人格和尊嚴，她始終有她的驕傲。當司馬相如一再觸及卓小姐的感情底線時，她便決定和這個男人一刀兩斷了。卓文君的這份底氣，來自她從小優越的成長環境，以及有錢又疼愛她的老爸。不管卓文君在感情裡做出怎樣的決定，她都有退路，都有一個堅實的後盾。生來就是小公主的卓文君才不會低頭，眼淚可以掉，王冠不能掉。

　　寫完《白頭吟》之後，卓文君還不解氣，又附上了一篇《訣別書》：

春華競芳，五色凌素，琴尚在御，而新聲代故！

錦水有鴛，漢宮有木，彼物而新，嗟世之人兮，瞀於淫而

不悟！

　　朱弦斷，明鏡缺，朝露晞，芳時歇，白頭吟，傷離別，勞力加餐勿念妾，錦水湯湯，與君長訣！

　　有人說，是卓文君詩中的深情，讓司馬相如回心轉意了，他想起了曾經和卓文君共度的朝朝暮暮，想起了這個女子為自己付出的種種，終究是舊情難了，欲重溫駕夢。但或許另一種解釋，更符合一個男人隱祕的心理。卓文君的決絕離開，讓司馬相如一下子慌了。他以為卓文君會死心塌地愛著他，就如當初她不顧一切和他月下私奔那樣。但司馬相如沒想到的是，她對自己說放手就放手了，要「與君長訣」，要恩斷義絕。

　　而男人享受的，是一種永恆的追逐和悸動。

　　未曾得到的是心口的朱砂痣，已經失去的是窗前的白月光，而緊握在手的，沒過多久就會膩了，只能成為牆上的一滴蚊子血、嘴角的一粒米飯。卓文君做得最正確的事情，就是沒有像一個怨婦一樣苦苦挽留變心的老公。她此時就像一抹即將隱沒在熹微晨光裡的月色，她要讓司馬相如知道，老娘就是你留不住的白月光，不珍惜我，那就等著後悔吧。

　　不得不承認，卓文君是一個勇敢智慧的女人。她可以在陷入熱戀時，奮不顧身地付出一腔深情，也可以在夫君變心時，擁有轉身離開的勇氣。愛得起，放得下，聽起來好像輕輕鬆鬆，可這是很多女孩子都做不到的。不敢輕易地進入一段感情，總是顧慮重重，害怕遇見的是渣男，害怕自己被欺騙被傷害；一旦進入感

情，又患得患失，疑神疑鬼，總在思索對方是否真的愛自己；等到對方出現原則性問題了，卻又捨不得放下，甚至丟掉自尊，苦苦挽留對方，或者就是毫無底線地退讓，卑微到了極點。

或許我們該學一學卓文君在戀愛婚姻中的態度，敢愛敢恨，堅守底線。

9

有個有趣的現象，現在網路上有許多情感專家，專門幫助人們解答情感上的問題。他們為大多數男性解答的問題，都是如何撩到、追到一個女孩子。而為女性解答的問題則是如何挽回男朋友，老公出軌了怎麼辦。男性，在感情中通常扮演進攻者的角色，去尋覓，去開拓，去攻佔；而女性，則是感情的守衛者，維持一段戀愛或婚姻的穩定性和長久性。

前者，是瞬間迸發式的，電光石火，激情燃燒；後者，則是細水長流式的，朝朝暮暮，歲歲年年。

我們稱頌卓文君為愛奮不顧身，勇敢掙脫封建禮教的束縛，追求自由戀愛；稱頌她文采斐然，以詩賦挽回丈夫的心，智守婚姻；稱頌她情深義重，自此長裙當壚笑，為君洗手作羹湯。從古至今，卓文君的形象都被無限地美化了。她彷彿是一切美德的集大成者，是男人理想中的戀人和妻子。上得了廳堂，下得了廚房；鬥得過小三，守得住夫郎；寫得了好詩，買得起好房。但我們從未想過她也只是一個尋常女子，在面對丈夫變心時，有過怎

樣的無助和心痛。一個人守著空蕩蕩的大房子，熬過一個個沒有依靠的長夜，等著一個不回家的男人。

後世之人在講述這段故事時，不僅自動忽略掉卓文君作為一個女性在婚姻裡的種種困頓和掙扎，還自動屏蔽了這段感情裡的算計和背叛。它就像被改編過的童話，抹掉了其中陰暗的部分，只留下美好的片段，然後拼湊起來，用來欺騙世人和自己。我們彷彿站在雲端，冷眼看著卓文君在她的愛情保衛戰裡奮力廝殺，將她濺上來的血跡，略加幾筆，點染成了美麗的桃花。於是這個故事，依舊可以被傳為一段佳話。

卓文君用心經營婚姻，讓司馬相如回心轉意，從此不再提棄妻納妾之事，兩人從此過上了幸福的生活。這個故事到這裡就說完了，聽起來還算是有個相對圓滿的結局。可是大多數才子佳人式的故事，總是開頭美好，結局潦草。靡不有初，鮮克有終。

美女和才女的情路似乎都不太順遂，比如江南名妓蘇小小，還沒等來曾與她相約「何處結同心，西陵松柏下」的阮公子，就在二十來歲的年紀香消玉殞；大唐才女魚玄機，被兩個男人相繼拋棄，錯付癡心一片。她們總是以一種淒婉哀豔的形象，彳亍在歷史悠長又寂寥的雨巷裡。她們始終困頓其中，在纏綿的細雨裡彷徨了千百年。女性在感情和婚姻裡的弱勢地位，彷彿是冥冥之中註定的，生而為女子，便會在劫難逃。

《詩經》裡都說：「士之耽兮，猶可說也。女之耽兮，不可說也。」

我曾經困惑於為什麼總是美女才女被辜負，後來突然反應過

來，或許被辜負的，是整個龐大的古代女性群體，而美女才女只是被人關注、為人所知的一小部分。至於其他千千萬萬的平民女子，是不足以被提及和言說的，所以從來就沒有人知道，也沒有人關心，她們有過怎樣的痛楚。甚至就連卓文君、蘇小小、魚玄機這樣鮮活生動、充滿故事的女子，都被戴上符號化了的美女面具，成了繡在綢緞上的一隻鳥，永遠都飛不出去。

卓文君還是那個完美女子的形象。勇敢智慧，情深義重，文采斐然。像一個美麗的標本，活在歷史的畫卷之上。我們口耳相傳她的故事，吟誦她寫下的詩賦，演繹她的人生，卻再也無法還原她生動的一顰一笑，無法體會她的愛恨悲歡。或許只有如常的月色知道，這個女子在千百年前的深夜裡，有過怎樣的堅定決絕、溫柔如水，又有過怎樣的失落寂寥、長痛不息。

景步航

班　婕　妤

（前 4 8 ？—前 6 ？／漢朝）

別低頭，王冠會掉

班婕妤

1

漢成帝看著眼前翩翩起舞的美人，笑得嘴角咧到了耳根後。

趙飛燕扭著她的小蠻腰，蛇一般地晃悠到漢成帝面前，發嗲道：「皇上，喜不喜歡看妾身跳舞啊？」漢成帝笑得一臉春心蕩漾，他張開手臂說：「當然了寶貝，快到寡人的懷裡來。」趙飛燕嫣然一笑：「那你說，我和班婕妤同時掉進水裡，你先救誰？」漢成帝的笑一下僵在了臉上。熏籠燃不盡的嫋嫋煙霧中，漢成帝的面前浮現出那個曾經被他捧在掌心如今卻不知冷落在何處的女子。

她是男人心中最理想的妻子人選，美麗端莊，賢淑大方，擁有世間女子最美好的品德。

班小姐出身於名門世家，老爸班況是左曹越騎校尉，《漢書》的作者班固也是她家族中的一員。這種家庭背景的女孩子，註定了會有不平凡的一生。班小姐從小就被當作嫁入皇室的候選人來培養：她的肌膚被小心地養護著，養成了動人心魄的雪白；她的黑髮被一遍遍地梳理，每根髮絲都是確保無誤的秀美黑亮；她吃著精緻而滋補的菜肴湯羹，穿著柔軟親膚的綾羅綢緞。她如《安

徒生童話》中的豌豆公主一般嬌貴美麗，這是從小被悉心呵護的結果。

這樣美好的容顏，將來是要被世間最尊貴的男人擁有的。

班小姐是真正的名媛，但與現在的名媛不同的是，她從來不出席任何時尚社交場合。古代有錢人家的小姐是不可以到處拋頭露面的，班小姐又是恪守婦德的典範。所以她一直被養在深閨，家庭教師教她詩詞歌賦，教習嬤嬤教她三從四德。良好的家庭教育使她的一舉一動都自然而然地顯露著大家閨秀的教養，就連打噴嚏的樣子都無比優雅。生活的富足又讓她始終有一種不爭不搶的淡然和慵懶，這是顯赫的家世給她的底氣。從小時候起，任何班小姐想要的東西，都是被下人捧著送到她面前的，所以她從來都沒必要去爭，也不屑於去爭。班小姐就這麼養成了溫柔敦厚的性子，永遠帶著淺淺的微笑。似乎世間的所有美好，都與她有關。

這一盆名貴嬌嫩的花，被悉心地照料著、打理著，所有旁逸斜出的枝葉都被小心地剪掉，最終的成品被送入宮中，成為進貢給天子的最昂貴的珍寶。有花堪折直須折，莫待無花空折枝。

天子，會是個什麼樣的人呢？他會是個惜花之人嗎？

此時班小姐的眼前是一重重朱門，華美，莊嚴，卻不知深鎖著多少如雪的寂寞。她駐足回頭，一入宮門深似海，從此身後這片廣闊的天空，將和她再也沒有關係。入宮之後，她的全部身心，都將只交給皇上一人。也不知道未來夫君的相貌是美是醜，脾氣是溫和還是急躁？對很多古代的女孩子來說，結婚就是人生中最大的冒險。要和一個從來沒見過沒接觸過的男人共度一生，

都不清楚這個人是不是長得歪瓜裂棗，會不會有家暴傾向，是個花心大蘿蔔還是專一深情的好男人，簡直比現在的網戀還不靠譜。但既然結婚了，那麼不管是好是壞，都只能接受了。

可以肯定的是，「願得一心人，白頭不相離」也是班小姐理想中的婚姻。只是她很清楚，嫁入帝王家，就註定了她未來的夫君，是天底下最不可能一心一意的男人。

他會有三宮六院，會妻妾成群。作為天子，四海之內，他想要的女人，便都是他的。男人是天生的播種者，要開枝散葉，要子孫遍地。無論古今中外，或許大部分男人的心裡都有過妻妾成群的隱祕想法，即便不是成群的美人，那也要一朵紅玫瑰，一朵白玫瑰，一個美豔誘人，一個清純天真。但是這總歸是春秋大夢，現實中很難實現，畢竟這不僅需要法律和道德的允許，還需要個人有經濟實力、社會地位、人格魅力等等。而古代帝王，恰恰符合了上述所有條件。既然如此，那當然要好好享受了。再者說，皇家需要子孫昌盛，這樣才能從中選到合適的皇位繼承者，那自然就需要很多的女人為帝王生兒育女，綿延子嗣。

不過也有例外。明朝萬曆帝為了心愛的鄭貴妃，故意和一幫反對自己寵愛貴妃的老臣對著幹，消極怠政，罷工了三十多年，足以見他對鄭貴妃的鍾情。還是明朝的皇帝，弘治帝朱祐樘，一生只娶了張皇后一人。即便他可以坐擁天下的美女，但他還是堅持著「一夫一妻制」，每天和張皇后一起起床一起入睡，朝夕與共，非常恩愛。

當真是「弱水三千，我只取一瓢飲」。

這種千載難逢的好事，實在輪不到班小姐。她要嫁的男人漢成帝，身邊已是鶯鶯燕燕無數了。要跟那麼多女人搶一個男人，真是悲哀。或許也會有一份尋常夫妻的溫情吧，班小姐暗暗想道。

2

《漢書・外戚傳》中記載，班小姐進宮沒多久就被封為婕妤。婕妤是後宮嬪妃十四等中的第二等，身分非常尊貴。能夠從後宮三千佳麗中脫穎而出，可見班小姐的魅力是很大的。

但班小姐對於這突如其來的寵愛，有些稀里糊塗的。她心想，都說要不停地在皇上面前刷存在感，才能被皇上記住，才有機會得到寵幸，可我什麼也沒做啊。的確，班小姐只是安安靜靜地當著一個美女，從來也沒有耍手段爭過寵。當別的嬪妃都在爭先恐後地獻媚於漢成帝時，班小姐只是雲淡風輕地捧著《詩經》，坐在院子裡靜靜地讀書。

漢成帝早已習慣了被一群女人高高地捧在天上，習慣了被她們小心翼翼地討好逢迎，無論自己說什麼幹什麼，那些女人總是一迭聲的「皇上英明，皇上說得對，皇上做得好」。那些女人是好看的，是溫順的，是男人都會喜歡的。可是千篇一律，毫無個性可言，實在有些沒意思。漢成帝皺著眉，繞開那一群庸脂俗粉，一個人閒逛著。

這時他就看見了捧著一本書的班小姐。院中簌簌落下的梨花潔白如雪，落在班小姐的眉心卻仿若無物。漢成帝看見此情此

班婕妤

031

景，不由得癡了：哪裡來的仙女，果然和那些妖豔貨色不一樣。後宮之中總是亂花漸欲迷人眼，可班小姐是姹紫嫣紅中的一抹純白。

漢成帝心動了：少女，你成功引起了寡人的注意。

其實那時的漢成帝並沒有多大心思放在女人身上，因為他正煩得一塌糊塗。這位皇帝在歷史上雖然是因為荒淫無度而出名的，但他在當上皇帝之前，也還是一個純潔的少年。漢成帝名叫劉驁，從小就接受了皇家優良的教育。他的爺爺漢宣帝很是疼愛這個嫡皇孫，經常讓他在膝下玩耍。漢元帝繼位後，劉驁便被立為太子。

不過要成為皇位接班人，也是挺累的。詩賦策論，綱常倫理，弓馬騎射，樣樣都得學。還好劉驁也算爭氣，成年後的他好讀經書，寬博謹慎。有一次他的老爸，也就是漢元帝，有急事召見劉驁。既然是急召，那抄個近路想必也無妨。但是劉驁非常守規矩，他沒有為了抄近路趕時間就橫越皇帝專用的道路，而是繞了一大圈才來面見漢元帝。那時的他時刻謹記著，父子之情的上面，還有君臣之禮。

剛當上皇帝的劉驁勤勤懇懇地批閱奏章，朝乾夕惕，起得比雞早，睡得比貓頭鷹晚。那時的漢成帝，還並不是我們印象中荒淫無度的昏君。《漢書》中記載他提倡寬大，自我勉勵：「崇寬大，長和睦，凡事恕己，毋行苛刻。」

但沒多久漢成帝就感到了深深的疲憊。每天累得要死要活，但每到做重大決定的時候，還是得向他的老媽請示。第一次當皇

帝，他也沒啥經驗，而且剛即位的漢成帝根基還不穩，只能聽他媽媽的話。他的老媽王政君就是個跟慈禧太后差不多的狠角色，雖為女子，卻有著掌舵王朝巨輪的野心，手裡握著生殺予奪的大權。畢竟她在宮廷中摸爬滾打幾十年，一路過五關斬六將，PK掉了多少同樣覬覦這個位置的嬪妃，最終當上了皇太后，手腕那是沒的說。再者說來，王太后手上有著重要的人脈資源，朝中很多身分尊貴、擁有話語權的老臣都是她的心腹。

漢成帝覺得，自己這皇帝當得太窩囊了，彷彿就是個工具人，作用就是坐在龍椅上當他老媽的傳話筒。臣子們上奏的大事小事，漢成帝都得看他老媽的眼色做決定。他老媽說一，他就不敢說二。漢成帝這麼一直被王太后壓制著，心裡自然不痛快了。

這時候解語花班婕妤就上線了。宮中貌美的女子就像花兒一樣開不盡，但是大多數美女也只是美則美矣，毫無靈魂，天天只知道爭風吃醋，鉤心鬥角。都說三個女人一台戲，那麼後宮中的三千佳麗，每天都可以上演無數場狗血的宮鬥大戲了。

但是班婕妤是獨特的，她就像是一股清流，注入了後宮的這一潭渾水之中。她那麼純白如雪，那麼溫柔似水，那麼善解人意。漢成帝從看見她的第一眼起，就感覺到了一陣舒適。這一朵春天裡的梨花，就這麼輕輕柔柔地落入了漢成帝的心裡。她在漢成帝最煩悶的時候出現，沒有早一步也沒有晚一步，一切都剛剛好。

史書上並沒有言明漢成帝和班婕妤相遇時各自的年紀，但這兩人的相處方式，很有可能和姐弟戀差不多。班婕妤成熟穩重，

而漢成帝有些小孩子心性。每當他有想破腦袋也想不通的事的時候，班婕妤就會像知心大姐姐一樣，對他說，來，皇上，讓臣妾給你講個故事吧。班婕妤從小讀了很多書，簡直就是一個移動的人形故事庫。她給漢成帝講那些遙遠的忠孝節義的故事，也給他講奇奇怪怪的傳聞逸事。古書上的人物在班婕妤的口中好像活過來了一般，那些被娓娓道來的傳世箴言和亙古不變的道理，一次次地解開漢成帝的心結。他就像小朋友一樣，常常托著腮聽班婕妤大姐姐講故事。

班婕妤的成熟，並不是歷經世事、飽經滄桑的成熟。相反，她是一塊未經雕琢的璞玉，是一張乾乾淨淨的白紙。班婕妤的通情達理，都來自她待字閨中時所讀過的詩書經卷，至於書中所說的種種，她是完全沒有經歷過的，班婕妤從小就被家人保護得很好，她對這個世界的認知，全部源自書中。的確是知書達理溫婉可人的女子，卻也少了一份情趣。只是那時漢成帝對班婕妤正在興頭上，新鮮勁還沒過去，她的美麗、溫柔、善解人意，都讓漢成帝欲罷不能。

而班婕妤也對眼前這個男人產生了無限的柔情。高高在上尊貴無比的君王，卻在她這裡變成了一個尋常少年，卸下了所有的防備，就這麼靜靜地聽她講故事。班婕妤看著這個凝神的少年，心想或許這就是歲月靜好的樣子吧，帝王家也會有一份難得的真情。

那時的他們，還是度過了一段很美好的時光。

3

漢成帝變成了一個黏人精，天天都想和班婕妤膩在一起。為了能和她形影不離，漢成帝專門召集能工巧匠，讓他們造了一輛大輦車，想每天和班婕妤同車出行。然而按照漢朝的禮制，皇后妃嬪是不可以和皇帝乘坐同一輛車出遊的。但是任性的漢成帝才不管，他心裡想的都是，我要每時每刻都和我親愛的班婕妤待在一起。

於是他高高興興地拉著班婕妤，給她展示這輛豪華輦車。寶貝，以後你就和我一起坐著這輛豪車兜風吧，我去哪兒你就去哪兒。讓漢成帝萬萬沒想到的是，班婕妤竟然拒絕了他。她對漢成帝說：「皇上啊，你看古代流傳下來的畫卷上，明君身邊都是賢臣，而亡國之君夏桀、商紂王和周幽王身邊才是受寵的妃子。你要我和你一同坐車出行，那你不就和這些昏君一樣了嗎？」

班婕妤的這番話被史書專門記錄了下來，而她拒絕漢成帝的舉動也被稱讚為「卻輦之德」，傳為一段千古佳話。可是對班婕妤本人來說，作為一個女人，她真的不希望和漢成帝乘車同行嗎？這可是丈夫莫大的寵愛啊。沒有哪個女人不希望得到丈夫獨一無二的寵愛，哪怕是雷厲風行的事業型女強人，也會在所愛的男人面前變成一個撒嬌的小女孩。

可是班婕妤拒絕了。理由是為了合乎宮廷禮制，為了成全漢成帝的賢明。她時刻謹記的是書上教給她的道理和規矩。或許那一刻班婕妤生生克制下了想要接受漢成帝情意的心，用最知禮數

識大體的態度，拒絕了這一份來自丈夫的寵愛。班婕妤的卻輦之舉，表達的意思就是，君臣之禮，永遠越過夫妻之情。

客觀來說，這個舉動是值得讚揚的。從這件事上足以見得班小姐是一個很有原則的女人。她的原則，就是合乎禮制。哪怕面對的是天子，她都不是毫無底線地順從。連枕邊人都忽略了班小姐柔婉之中的硬氣，溫厚之下的棱角。

班家出過不少驍勇善戰的將士，如東漢名將班超、征戰西域的班勇。這種深埋家族血脈中的武將之風，也讓班小姐擁有了一種與生俱來的堅毅和決絕。只是她被培養得宜的淑女氣質，大多數時候都能很好地掩蓋這一份不該在陪伴君王時顯露出來的銳利。所以甚至班小姐自己都沒有察覺到，她綿裡藏針的一絲鋒芒。而她良好的出身，又給了她一份底氣，讓她即便在面對皇上的時候，都可以不卑不亢，直言不諱，甚至當著一堆宮女太監的面，教育了漢成帝一通，差點讓堂堂的天子當眾下不來台。

面對班婕妤的一番慷慨陳詞，漢成帝只能露出一個尷尬又不失帝王風度的微笑，誰叫人家班婕妤說得在理呢。就連他的老媽王太后聽說這事之後，都對班婕妤大加讚賞：「我兒媳婦真不錯啊，古代有賢德的樊姬，我朝有班婕妤，兒子你就聽著點你媳婦的話吧，別胡鬧了。」

王太后口中的樊姬是誰呢？她就是春秋時期楚莊王的妻子。楚莊王才即位的時候，並不是個賢明勤勉的君主，而是天天在外面打獵，遊手好閒，不務正業。樊姬苦口婆心地勸丈夫，但完全沒用。樊姬是個狠人，她下定決心不再吃禽獸的肉，一生茹素。

楚莊王終於被妻子感動，改過自新，變得勤於政事。可以說，是樊姬助楚莊王成了「春秋五霸」之一。所以王太后將班婕妤比作樊姬，是給了她這個兒媳婦很大的認可和讚賞。

老媽都發話了，漢成帝也只好打消這個念頭。但他心裡是有點不爽的，怎麼這個女人這麼不解風情啊，一點也不懂浪漫。以漢成帝的主觀角度來看，班婕妤的確是挺無趣的。宮廷禮制，的確是用來約束君王行為的。可是漢成帝首先是一個男人，其次才是一個君王。對一個男人來說，當他對心愛的女人付出物質或是精神上的愛時，他是希望對方能給出一個肯定的回應的——讓所愛之人開心，自己也會獲得極大的成就感和滿足感。而不是像班婕妤這樣，給出一番說教，再冷冰冰地拒絕。

當然了，班婕妤的出發點是好的。她一直期盼著漢成帝能心智成熟一些，快些擁有一個帝王該有的擔當。她心裡想的都是，我這是為他好。可是班婕妤沒有意識到，男人至死是少年，他們只會老去，卻永遠不會長大。

4

慢慢地，漢成帝開始放飛自我了。他心想，我媽總是干涉政事，還說我幹啥啥不行，這皇帝當得也忒沒意思了，不如好好玩一玩，既然我媽想管事，那就都交給她管吧。

班婕妤是賢妃樊姬，可漢成帝不是明君楚莊王。春天過去了，梨花也都凋落了。漢成帝對於端莊持重的班婕妤，開始有了

厭倦的情緒。每次他想拉著班婕妤一塊尋歡作樂的時候，班婕妤總是嚴詞拒絕，還老苦口婆心地勸導漢成帝：「皇上啊，你要少喝酒少熬夜，多讀奏摺多看書啊。」漢成帝聽了有些不高興：我是要找個能陪我開心的妃子，又不是再找個老媽處處管著我。久而久之，漢成帝便覺得班婕妤的賢慧和純潔有些無聊了。她的美麗賢淑雖然能夠慰藉君王，卻不能帶來刺激感官的愉悅。漢成帝已經嘗到了自我放縱的快樂，人一旦開始墮落，便難以回頭了。

班婕妤心裡有著深深的失望。她原來以為自己能夠擔任漢成帝的賢內助，輔佐他成為賢明的君主，可是現在，看著縱情聲色不理朝政的漢成帝，班婕妤的心一沉到底：皇上啊，你變了。

君王的轎輦，已經很久沒有在班婕妤的宮殿門口停下了。漢成帝好像只是短暫地愛了班婕妤一下。

紅顏彈指老，未老恩先斷。宮中沒有恩寵的女人總是老得很快，青春的容顏一下就被似水流年洗褪了顏色。可是宮中最不缺的就是青春，新鮮的佳人被一撥撥地送進來，眉眼生動，紅唇潤澤。一個妃嬪的資質再好，如果不去主動爭取，不去在皇帝面前刷一刷存在感，那也很難在一眾美人中脫穎而出，擁有長盛不衰的恩寵。

可是班婕妤還是一副人淡如菊的樣子，一身清冷，粉黛不施。她還是捧著一本書坐在花樹下靜靜地讀，只是再也沒有漢成帝在一旁偷偷地看她了。曾經讓她贏得了聖心的種種，如今卻成了漢成帝疏遠她的理由。班婕妤那麼敏銳聰慧，怎麼會沒有察覺漢成帝的疏遠呢？她為他撫琴時，他的表情不再沉醉；她為他

講故事時，他眼神游離。還有他越來越冷的目光，越來越少的召幸，越來越不耐煩的回應。心變了怎麼會不明顯。可班婕妤也是有脾氣的，她覺得自己並未做錯什麼，也不需要改變什麼。班婕妤從來就是一切隨緣的性子。漢成帝把她寵上天的時候，她是一副無所謂的樣子；恩寵淡薄的時候，她還是一副無所謂的樣子。

既然不愛了，那就算了吧。

古代男人喜歡的，到底是怎樣的女人呢？史書上所稱讚弘揚的女子品德，包括貞潔、賢淑、端莊、溫柔、堅忍等等。按照這樣的標準，班婕妤絕對是個好女人，是應當得到夫君的尊重和愛惜的。可惜的是，班婕妤所嫁的人是漢成帝——一個本身並沒有基本自我道德約束的男人，所以他也並不會看重和珍惜班婕妤那些美好的品質。而且漢成帝作為一位帝王，擁有著千里江山、錦繡榮華和無上的地位。天下女子，他想要誰得不到？

「專情」二字對帝王來說，像極了一個玩笑。

含蓄淑雅、知書達理的大家閨秀，固然是后妃的理想人選，會對君王的修身養性有所助益，可是漢成帝所追求的，並不是成為一位賢明的君主。他要的是及時行樂，是酒色財氣，是自我墮落和一時放縱的快感。所以不管班婕妤有多好，她都不能夠使漢成帝抵禦住聲色犬馬的誘惑。

再者說，對漢成帝來說，家花不及野花香。班婕妤這種好女人，是專門放在家裡相夫教子的。史書上所記載的班婕妤，種種行為都十分符合一個賢妻的標準形象，她是女子美德的集大成者。班婕妤很少擁有小女兒家的情態，她從一出場起，便散發著

成熟女性的光輝。人們可以想像趙飛燕對著漢成帝發嗲的樣子，卻想像不出班婕妤對著漢成帝撒嬌的樣子。對長不大的漢成帝來說，班婕妤甚至帶有一絲母性色彩，永遠像老母親一樣為他操著心，勸導他，寬慰他，包容他。但作為一個已經擁有了一切的男人，漢成帝永遠都在追求著新鮮感和刺激感，他要的，不是第二個媽。

漢成帝更需要的，是擁有小三屬性的女人——嬌媚誘惑，風情萬種。這種女人總能讓男人感到輕鬆愉悅，能讓男人拋去道德禮教的條條框框，百無禁忌，放浪形骸。

趙飛燕就是漢成帝在宮外採摘的第一朵野花。

5

漢成帝越來越覺得班婕妤挺沒意思的，於是他開始以微服出訪為由，出宮找樂子。那天他心血來潮，去陽阿公主的府邸玩。就是在這次公主安排的家宴上，漢成帝遇到了絕代佳人趙飛燕。

趙飛燕是歷史上非常典型的紅顏禍水，留下了不少罵名。然而她的身世非常悲慘，讓人憐憫。趙飛燕出身於一個貧困家庭，父親是官府家奴，這和班婕妤的家世形成了兩個極端。沒有錢沒有地位也就罷了，她甚至還差點沒了命。趙飛燕的爸爸一看是個女娃，就狠心將她拋棄了。然而命大的她，在受凍挨餓的情況下，竟然活了下來。三天之後，她的媽媽發現趙飛燕竟仍有一絲氣息。到底還是不忍心，畢竟是身上掉下來的一塊肉，便將她帶

了回去。趙飛燕這才撿回了一條命。

那時她的父母根本不會想到,這個被丟棄的女娃,未來有一天,居然會迷倒天子,寵冠六宮,甚至母儀天下。

後來趙飛燕越長越美麗,便被選入公主府當舞女。翩翩起舞的趙飛燕,就如同一劑行走的春藥,再純良的君子面對她,恐怕都很難做到坐懷不亂,更何況是天生輕浮、貪愛美色的漢成帝。趙飛燕舞動的腰肢、肩膀、手臂,無一不在充滿誘惑地邀請。她流動的眼波,嫵媚的微笑,時時刻刻都在勾引著男人犯罪。漢成帝看她跳舞看得是眼睛也直了,口水也快流出來了,當天晚上就迫不及待地派人把趙飛燕帶回了宮。

果不其然,一夜春宵後,趙飛燕讓漢成帝嘗到了銷魂蝕骨的滋味。

漢成帝聽說趙飛燕的妹妹趙合德也是個大美女,就想將合德也接進宮來,坐享齊人之福。於是他專門派人駕著百寶鳳毛步輦去接趙合德,還帶了一堆禮物。漢成帝挺自信地想,自己專程派了皇家的豪車去接,這排場,這架勢,哪個女孩拒絕得了?可他萬萬沒想到,趙合德居然斷然拒絕了他,理由很簡單:皇上是我的姐夫,我怎麼能和姐姐搶男人呢?除非我姐同意,不然我死也不入宮。

趙合德並不是真的顧及什麼姐妹情分和道德倫理,而是使了一招欲擒故縱。得不到的永遠在騷動,漢成帝對於這個欲迎還拒的美人更加渴求了。幾天之後,趙合德才「勉強」答應進宮,春風一度後,被吊足了胃口的漢成帝終於得償所願。

從此，後宮就成了這兩姐妹的天下。漢成帝對這兩個美人是無比地寵愛，天天就是和她倆在一起。飛燕、合德雖然沒上過學，也沒讀過幾本書，但她們駕馭男人很有一套，把坐擁四海的天子都迷得不行。這兩姐妹如果開設一門研究馭夫的課程，一定會受到許多女性的瘋狂追捧。

　　這時候漢成帝已經將曾經非常寵愛的班婕妤完全拋在了腦後。毋庸置疑，班婕妤和趙氏姐妹這樣身懷奇技淫巧的女子相比，就顯得十分乏味無聊了。不僅對漢成帝來說是這樣，對後世的「吃瓜群眾」而言更是如此。這就像在娛樂圈裡，相比老老實實唱歌演戲的藝人，人們會對那些八卦新聞不斷的明星更感興趣。我們記下了飛燕合德兩姐妹，因為她們的香豔風流，再加上野史中所記載的趙氏姐妹令漢成帝欲仙欲死的房中術，這些都極大地滿足了人們想要窺探帝王私生活的隱祕心理。

　　趙飛燕扭動著她纖細的腰肢，不眠不休地跳著驚鴻的舞蹈，誘惑著漢成帝，也誘惑著世人。江湖上始終飄散著她們的傳說。她們的形象，也被後世之人不斷地演繹，於是死去千年的美人一次次地活過來，又有了生動的眉眼，巧笑倩兮，顧盼生情。然而班婕妤，作為一個道德品行上無可挑剔的好女人，在被貼上賢妃的標籤後，就變成了一抹淺淺的剪影，落寞地飄忽在歷史深褐色的幕布上。從來就沒有聚光燈來照亮她的美，讓她站在舞臺的正中央翩然起舞。

　　再後來，趙飛燕登上鳳座，完成了從棄嬰到皇后的完美逆襲。趙合德也集萬千寵愛於一身，風頭甚至壓過姐姐。趙氏姐妹

恃靚行兇，稱霸後宮數年，榮華富貴享之不盡。而在她們最得意的時候，班婕妤已許久不見漢成帝，獨自在深宮落寞。

壞女孩得到了一切，而好女孩只得到了一個「好」字。

班婕妤自然是有她的光芒的，然而她的這種光芒，從一開始就是在照亮別人。她是班家的榮耀，是漢成帝的妃嬪。她為了家族而活，為了天子而活，卻從來沒有為了自己而活。她在史書裡，甚至都沒有自己的名字。婕妤，是古代嬪妃的等級，地位僅次於皇后和昭儀。人們始終將她和漢成帝捆綁在一起，好像她的一生是因為漢成帝才有了意義。她在歷史上留下的隻言片語，都只和這個男人有關。

此時的班婕妤正幽居在深宮。紅顏未老恩先斷，只能夜夜斜倚熏籠坐到天明。她每天做的事，就是讀書或者撫琴。她想起了曾經也勤勉過的漢成帝，常常秉燭夜讀，而她則是紅袖添香在側，陪著漢成帝熬夜，為他研墨添茶。等他批閱完奏章，兩個人就一起吃個夜宵，倒也是甜甜蜜蜜。她還想起漢成帝每次心情不好的時候，她就為他演奏絲竹。從小研習音律的班婕妤就是個移動的中華曲庫，隨便漢成帝點播什麼歌曲，班婕妤都能讓他沉醉在悅耳的音樂聲中，一解千愁。

可是現在，她已經很久沒有踏進過漢成帝的書房了。皇上如今只愛看趙氏姐妹跳舞，恐怕很久都不進書房了，想來當時用來研墨的硯臺都已落灰了吧。班婕妤明明仍擁有青春韶華，卻覺得自己也沾染了一身灰塵。那大概是時間的蟬蛻，是無數死去的回憶的屍體。

宮中一日，人間百年。

班婕妤的宮殿很靜，靜得似乎能聽見漢成帝和趙氏姐妹的嬉笑聲。隨他們去吧。

門前的落花也沒有宮人去掃，或許她們都趕著去巴結新受寵的妃嬪了。隨她們去吧。

只是落花落得滿地都是，院子裡亂糟糟的，又添淒涼之色。也隨它們去吧。

寂寞空庭春欲晚，梨花滿地不開門。

6

其實美麗溫柔又多才多藝的班婕妤，是有資本把皇上迷得七葷八素的。可是她讀過的詩書，並沒有教她該如何留住男人的心，只教會了她恪守婦德，謹遵君臣之禮。不過就算現在有一本《教你一周挽回男人心》放在她的面前，按照班小姐的脾氣，她也不會翻開這本書的。

班婕妤高貴的出身讓她始終帶著一種驕傲，她不屑於用心機手段去討好。她曾經接受過的良好教育，告訴她勾引、狐媚、誘惑，都是壞女人才做的事情。大家閨秀就要有大家閨秀的樣子，端莊得體，謹慎守禮，壓抑下七情六欲，去維持一份體面。再者說，從班婕妤小時候起，世間的好東西她就已經都得到了，她從來都不需要去汲汲追求，去苦苦爭取。

而趙飛燕，從她小時候被拋棄那一刻起，就註定了她這一生

繁
花
少
女
時

044

都要為了想得到的東西而拚命爭取。就連自己這條命，都是苦熬過不吃不喝的三天三夜爭取來的。再加上她的爸爸是官府的家奴，從小她就跟著她爸學會了逢迎討好，學會了怎麼讓主子舒服滿意。她懂得男人心，懂得男人愛的是什麼，然後最大程度開發自己的美麗，千嬌百媚，盡態極妍，讓漢成帝意亂情迷。

班婕妤和趙飛燕，就像電影《畫皮》中的王夫人和狐狸精小唯。王夫人是那麼賢慧淑雅，小唯卻是天生的誘惑的高手。王生再忠誠、再深愛自己的夫人，也會夢到和小唯一夜纏綿。誰拒絕得了狐狸精呢？

趙飛燕和趙合德聽說了班婕妤曾經是漢成帝喜歡得不得了的女人，便將她視為眼中釘。即使班婕妤根本懶得和她們爭寵，這兩姐妹也還是要搞點事情出來。鴻嘉三年（前18），許皇后的姐姐施行巫蠱之術詛咒後宮有孕妃子的事被告發了，趙飛燕便拿這件事大做文章，使勁給漢成帝吹耳邊風，充分發揮了裝柔弱裝可憐的技能：「皇上啊，臣妾真想多活幾年陪伴您，可是許皇后她們居然在背後紮小人詛咒我。臣妾真擔心自己命薄，無福再侍奉您，這可怎麼辦呀。」說完一番梨花帶雨，淚美人般倚靠在漢成帝懷裡。這可把漢成帝心疼壞了，王太后得知此事後也大怒。漢成帝都不容許皇后辯解半句，便下令褫奪皇后之印，即刻廢后。

趙飛燕成功扳倒了許皇后還不夠，又誣賴班婕妤也參與了下蠱詛咒自己，想要將漢成帝曾經的心頭好斬草除根。漢成帝雖然是個渣男，但他還是顧念曾經和班婕妤度過的朝朝暮暮，有些於心不忍，便給了班婕妤一個解釋的機會。

班婕妤無比冷靜地回答漢成帝：「妾聞『死生有命，富貴在天。』修正尚未蒙福，為邪欲以何望？使鬼神有知，不受不臣之訴；如其無知，訴之何益，故不為也。」

這段話的意思就是：皇上，你知道的，我一向行事端正，可我尚且過得不幸福，如果還去做壞事，那就更不會有啥好結果了。再說了，假如鬼神有知，那就不會聽信邪惡的詛咒；假如鬼神無知，那向鬼神訴說一點用都沒有。所以，施行巫蠱詛咒的事，我是絕對不會做的。

班婕妤這一番慷慨陳詞，邏輯嚴密，條理清晰，把漢成帝說得又羞愧又自責，心想自己真是昏了頭，居然冤枉這麼賢德的班婕妤。於是他對班婕妤說，愛妃啊，是寡人不好，這些日子冷落了你，今日還錯怪了你，寡人得好好補償你才行。說完便派人賞了班婕妤黃金百斤。站在一旁的趙飛燕氣得臉都歪了，這次沒能扳倒班婕妤，反而讓皇上給了她那麼多賞賜。這一局，自己實在輸得很徹底。

而班婕妤，雖然得了豐厚的賞賜，但她一點也開心不起來。皇上聽信讒言，無緣無故地懷疑自己，這讓她深深體會到了什麼叫伴君如伴虎。而讓她更為心寒的是，皇上似乎完全忘了舊日的繾綣恩情。這男人的心，變得也忒快了。真是但見新人笑，不聞舊人哭啊。班婕妤苦笑著搖了搖頭，走到梳粧檯前端詳著自己的臉。

鏡中的容顏依舊美好，只是因為終日沒有歡顏而多了幾分憔悴。玉顏不及寒鴉色，猶帶昭陽日影來。或許只要班婕妤願意柔

媚一些，學學「撩漢技能」，漢成帝的心還是能回到她身上的。可是班婕妤根本不屑於去爭寵，她是個心氣極高的女人，不願意為了一個已經不愛自己的人低到塵埃裡。況且她已經看透了，君王的垂憐和寵愛也不過如此。

君恩恰似東流水，薄情最是帝王家。

宮裡女人平時也閒得沒事做，她們的主業就是爭寵，天天想著法子討好皇帝。像班婕妤這樣懶得爭寵的，就相當於一個無業遊民。長日幽居深宮，實在無聊。不過還好，班婕妤發展了一些個人愛好。作為一個腹有詩書的女子，寫詩作賦是個排遣寂寞的好辦法。於是班婕妤就寫下了這首奠定她宮廷才女地位的《怨歌行》。秋風起時，夏日裡用作驅散炎熱的團扇便被閒置了。就像她自己，如今已不再被漢成帝捧在手心。

> 新製齊紈素，皎潔如霜雪。
>
> 裁為合歡扇，團團似明月。
>
> 出入君懷袖，動搖微風發。
>
> 常恐秋節至，涼飆奪炎熱。
>
> 棄捐篋笥中，恩情中道絕。

深宮之中女子的怨恨，從來就沒有斷絕過。或者說，自古以來萬千女性的恨，從未斷過。男人的國恨家仇，可以拿起刀劍去拚去殺，哪怕拚個魚死網破，也是痛痛快快，酣暢淋漓。可是那麼多女人的恨，都是衝著自己所愛的男人的。被背叛，被辜負，

被拋棄，可又能怎麼辦呢？她們只能把這些幽懷嬌恨，一一吞咽下，或是慢慢積攢著。層層疊疊，一重又一重，將自己都淹沒了。可是少有男人，會因為一個女人幽怨的哭訴和無盡的眼淚而重新回到她的身邊，他們只會更加嫌惡。棄婦心中怨，而怨婦又遭棄，這彷彿是一個惡性循環，千百年來，攪擾著那麼多女人不得安寧。

那就遠離他，珍愛生命吧。班婕妤仍想保持一份體面，轉身的時候要瀟灑一點，可千萬不要回頭苦苦挽留了。

那邊的趙飛燕仍然對於漢成帝重賞班婕妤的事耿耿於懷，還想著找個碴除掉昔日的情敵。聰明的班婕妤很清楚趙氏姐妹不會輕易放過自己，得想個辦法保全自身才是。皇上是指望不上了，那誰還能罩著自己呢？這時候班婕妤想到了一直對自己欣賞有加的王太后。於是班婕妤就寫了一篇奏章，自請前往長信宮侍奉王太后。把皇上他媽媽伺候好了，料想趙氏姐妹也不敢輕易為難自己。從此以後，都可以遠離後宮女人鉤心鬥角的漩渦了。

只是這樣一來，怕是以後都與君王的寵眷無緣了。

7

我常常在想，作為帝王的嬪妃，怎樣的結局才算得上相對圓滿呢？似乎一個女人只要嫁入帝王家，便沒什麼獲得幸福的可能性了。要麼在宮鬥中死於非命，要麼被皇帝冷落後孤獨終老，更慘的是，皇帝要是死得早，還得陪葬。即便是活著的時候，要

跟那麼多女人爭奪一個男人的愛，想想都心累得慌。如果足夠幸運，一時成為最受寵的妃子，那麼又會成為眾矢之的，要時刻提防著被別的宮嬪陷害，恐怕睡覺都要睜著一隻眼。

既然如此，那為什麼古代那麼多女孩子都擠破了頭想入宮呢？或許入宮，就相當於女孩子們的科舉考試，給了她們走上人生巔峰的機會。這些女孩子身上背負著整個家族的興衰榮辱。如果足夠幸運，能成為皇帝的寵妃，哪怕只是短暫的幾年，那也能夠一人得道，雞犬升天，給整個家族帶來至高無上的榮耀。

漢成帝的爸爸的爺爺的爺爺漢武帝，曾有過一個讓他念念不忘的女人，名號為李夫人。相傳李夫人姿容勝雪，傾國傾城，得到了漢武帝無盡的寵愛。大概是老天爺太嫉妒她的美貌，讓她年紀輕輕就得了重病。在她纏綿病榻之時，漢武帝曾去探望她。照理說皇上來看自己，是多少嬪妃求之不得的事，但是李夫人居然不讓漢武帝看到自己的樣子，只因她想令武帝只記得她病前蟮首蛾眉的美好容貌。要是皇上看到自己憔悴的病容，不免會心生厭惡，如此又怎能顧及舊日恩情多多提攜自己的兄弟呢？所以李夫人一直以被蒙面，至死不願見武帝。

正如李夫人所說，以色事人者，色衰而愛弛，愛弛則恩絕。

宮牆外的女孩們對宮牆內充滿了幻想和期盼，那裡是她們心中綾羅珠翠堆砌起來的夢幻世界。可她們並不知道，那裡面深鎖著多少不為人知的痛楚。

班婕妤就在這種痛楚中度過了她失寵的後半生。在月色清冷的秋夜，她聽著宮女的擣衣聲，在幽深的宮闈中寫下了《擣素賦》：

若乃窈窕姝妙之年，幽閑貞專之性，符曉日之心，甘首疾之病，歌《采綠》之章，發《東山》之詠。望明月而撫心，對秋風而掩鏡。閱綾練之初成，擇玄黃之妙匹，準華裁於昔時，疑形異於今日。想驕奢之或至，許椒蘭之多術。薰陋製之無韻，慮蛾眉之為愧。懷百憂之盈抱，空千里兮飲淚。佇長袖於妍袂，綴半月於蘭襟。表纖手於微縫，庶見跡而知心。計修路之遐夐，怨芳菲之易泄。書院封而重題，笥已緘而更結。慚行客而無言，還空房而掩咽。

　　困於玉樓金闕之中的宮女們，縱然有著窈窕之姿，姣美之色，貞潔之性，情好之願，卻無法與心愛之人相守相伴，只能空守著漸老的芳華，在重重宮牆中無日無夜地搗素浣衣。而班婕妤即便地位尊貴，遠勝於宮女，卻也和她們一樣孤寂，一樣落寞。

　　都是可憐人罷了。

　　幾年之後，漢成帝因為縱欲過度，死在了趙合德的床上。班婕妤得到這個消息後，有過一瞬間的失神。這個帶給過她快樂也帶給過她傷痛的男人，就這麼不體面地走了，那麼她的一生，也算是結束了。她班婕妤為漢成帝而生，亦為漢成帝而死。她此時內心無比平靜，她對王太后說，臣妾自請到皇上的陵墓去陪著他，當個守墓人，了此殘生。

　　從此以後，班婕妤便守著冰冷的石人石馬，在無邊無際的黑暗裡攢眉千度。直到臨死前，她都在思考一個問題，自己一直在努力做個好女人，可為什麼還是沒有得到幸福？從小學習的女子

品德，要她包容，要她隱忍，要她賢良淑德，要她端莊自持，這些她都做到了，卻依舊沒有得到愛。

她孤寂的身影被刻在歷史的石碑上。後世的人仍然在稱頌著她的賢德。作為古代女德班的優秀畢業生，班婕妤的一顰一笑、一言一行，都太符合三綱五常。她像極了一枚精美的蝴蝶標本，被釘在鑲著金邊的玻璃框裡，被觀賞者讚歎不已，卻也獨自哀婉著。她是給王侯將相做陪襯的萬千女性中的一個，因為她過分的美麗，過分的才氣，以及過分的賢德，她在歷史上留下了一個完美得近乎虛幻的形象。可是沒多少人關心她的落寞。好女人的「好」，後面卻藏著無數的委屈和自虐般的隱忍。

中國古代千千萬萬的女子都背負著這種傷痛。她們絡繹不絕地行走在一條狹長的小路上。滿頭沉重的珠翠是美麗的枷鎖，被纏過的三寸金蓮讓她們走得更加遲緩。她們低眉斂目，緘默不語，就這麼行走了千年。她們從未有過放肆的吶喊，只有無聲的掙扎和零星的歎息。甚至就連這歎息，都那麼婉約含蓄，那麼小心翼翼，像是怕驚擾了誰似的。為了把一份美好展現給世人，多少累和痛，都要自己忍著。

或許來生，不必再做個好女孩。

景步航

蔡 文 姬

（１７７？－２４９？／漢朝）

地獄模式怎麼玩

蔡文姬

1

　　帳外的風呼呼地刮著，身旁躺著的左賢王鼾聲如雷。

　　蔡文姬又失眠了。這些年來，她從未擁有過一個平靜好夢的夜晚。

　　她歎了口氣，怎麼能有人發出這麼響的呼嚕聲呢？都說食不言，寢不語，這胡人倒好，睡著了比醒著的聲音都大，吵得人頭都快裂開了。到底是蠻族，真是粗野。

　　多少次，蔡文姬都恨不得用枕頭堵住這個男人的口鼻。她僅僅是嫌棄他吵得自己睡不著覺嗎？可是他沒來過夜的那些晚上，蔡文姬也還是輾轉難眠。異鄉的明月，格外清冷。蔡文姬悄悄地披衣而起，走到帳外。如今已是春天了，想來家鄉應是處處溫暖，萬物溫柔，但大漠的風怎麼還是這麼冷和硬？蔡文姬已經很久沒有經歷過春天了。

　　或許楊柳早已又染綠了江南岸。

　　可是春風從來都吹不到玉門關。

　　也不知明月，何時能照我還？

胡地的風永不停息地號叫著，就好像蔡文姬想要回家的心思，一刻也不曾停止。是她的幻聽嗎？風裡好像夾雜著熟悉的旋律。蔡文姬回憶了一下，這是小時候娘親哄自己睡覺的歌謠。一定是戍守邊關的將士也想家了，所以在冷月無聲寂寞如雪的夜裡，他們橫笛唇邊，暫遣鄉愁。

這是蔡文姬來到胡地的第一年，也是她生命中最痛最難挨的一年。胡人說的話，她一點都不懂，沒有人可以聽她傾訴傷痛，更沒有人可以向她施以援手。就好像孤身一人流落荒島，重重的寂寞，重重的絕望，把人都吞沒了。一眼望不斷的，是鋪天蓋地的黃沙塵土；馬蹄踏不到的，是歸夢難成的遙遠家鄉。

也許有朝一日，能回到自己的家鄉吧。可是回家了又怎樣呢？都說有親人的地方才是家。可是爹爹和娘親都已經故去，家中已無至親。想到已經逝世的爹娘，蔡文姬的眼淚又忍不住奪眶而出。

我早就沒有家了。

2

月亮又圓了。

蔡文姬再一次想起家人，想起那段還有家的日子。

她的爸爸叫蔡邕，字伯喈，是東漢名臣兼大文學家。蔡伯喈是一個很有才能的人，他不僅在工作之類的正經事上表現傑出，還將各種業餘愛好發展到了王者級別。風雅之人自然離不開琴棋書畫這幾樣了。蔡邕喜歡彈琴，極通音律。中國「四大名琴」之

一的焦尾琴就是他製作的。除了搗鼓古琴，他還喜歡寫寫文章作作詩。蔡邕只是閒來無事隨便寫寫，怎奈自己實在太有才了，一不小心就在辭賦上取得了極高的成就。除此之外，他還是個「平平無奇」的書法小天才。有次偶然看到修門的工匠用帚子蘸白粉刷字，他便靈光乍現，創造了「飛白書」。以「飛白」寫就的字，筆劃中夾雜絲絲白痕，就像是枯筆所寫，別有韻致。王羲之、歐陽詢等書法大咖都是「飛白」的忠實粉絲，一個接一個地為它打call（支持）。

蔡文姬剛出生那會兒，蔡邕的仕途並不算得意。他雖然博學多才，在政事上也頗有見解，但他性格太耿直，一言不合就向漢靈帝上奏摺，一會兒說這個宦官貪贓枉法，一會兒說那個政策不合時宜。如果漢靈帝是個有著雄才大略、勵精圖治的好皇帝，那蔡邕說不準會被重用。問題就在於漢靈帝是個昏君，智商不足，能力也不夠。諸葛亮都忍不住在《出師表》中吐槽他：「未嘗不歎息痛恨於桓靈也。」

那些被蔡邕彈劾的官員，一看到蔡邕就頭疼，全都恨死他了。得罪了一幫同事，蔡邕的日子很不好過，他接二連三地被陷害，漢靈帝又不罩著他，於是蔡邕一會兒被遠黜塞北的朔方郡，一會兒逃亡到江南，在吳地一待就是十二年。祖國大江南北的風光，全讓蔡邕在逃跑的路上領略盡了。

而蔡文姬，應該就是在蔡邕遠離故土的時候出生的。這彷彿早已就註定了，她的一生，也將顛沛流離，如風中柳絮般漂泊無定。

蔡邕命中無子，只有兩個女兒，一個資質平平，在史書中無

過多記載，另一個就是天賦異稟的蔡文姬了。蔡文姬出生時就長得粉雕玉琢，煞是可愛。蔡邕喜歡得不得了，便給女兒取名為蔡琰，字昭姬。後來因為要避司馬昭的名諱，便改為文姬。琰者，美玉也。這是父母寄託了無限珍愛與期望的一個孩子。蔡文姬在小小年紀就顯現出了過人的智商，因此深得蔡邕喜愛。

小小的她就如同被蔡邕捧在手心的一塊玉，那麼珍貴，卻也容易破碎。

蔡邕隱居會稽山之時，常常撫琴，以慰仕途失意之情。七弦琴琴音沉鬱悠遠，老蔡沉浸其中，正彈得入神，琴弦忽然斷了一根。此時他年僅六歲的女兒蔡文姬正在一旁自顧自地玩耍，聽見琴弦斷裂的聲音後，小蔡同學便說道，第二根琴弦斷啦。蔡邕不以為意，以為女兒只是隨便蒙的，於是又故意弄斷一根琴弦，問女兒，這次是第幾根？蔡文姬很自信地回答道，第四根斷啦。蔡邕驚喜萬分：這一定是遺傳了我的音樂天賦，果然是我的親閨女啊。

蔡邕沒有可以傳承家業的兒子，他便恨不得把自己的十八般武藝全都傳授給寶貝女兒。所以蔡文姬從小就接受了極好的教育，並且完美繼承了她老爸的各種才華，成為一位琴棋書畫樣樣精通的才女。

蔡文姬行過及笄之禮後，便遵從父母之命嫁給了一個叫衛仲道的小夥子。衛家是河東世家，出過很多有名的人物，比如大將軍衛青和漢武帝的皇后衛子夫。雖然史書上對衛仲道其人並無過多記載，但蔡邕幫女兒挑的人，應該還是不錯的。然而蔡文姬新婚還沒出蜜月期呢，她的老公就得病死了。於是蔡文姬年紀輕輕

就成了個小寡婦。

這一點和西漢的大才女卓文君竟驚人地相似，卓大才女也是新婚後沒多久就死了丈夫。或許是因為蔡文姬、卓文君這樣的才女已經被上天賦予了太多東西，像什麼家世、美貌、才華，她們全都擁有了。根據運氣守恆定律，她們的感情路，甚至是人生路，都會比普通人更坎坷。

可是蔡文姬的人生路，未免也太坎坷了。別人遇到的都是一些小坑小窪，而蔡文姬碰見的，卻是東非大裂谷和珠穆朗瑪峰。蔡小姐的人生，很不幸地被設定成地獄模式，所有的倒楣事，都讓她碰上了。

關關難過，可關關還是得過。新婚喪夫，只是第一個關卡，難度係數僅僅為低。

3

蔡文姬和第一任丈夫沒有孩子，她若是繼續留在婆家，只會遭受白眼。蔡文姬不願天天被冷嘲熱諷是剋死丈夫的掃帚星，便毅然決然回到了自己家。如今的蔡家，可謂今非昔比。蔡邕早已不再是戴罪之身，而是大受當權者賞識，在朝中身居高位。

那時是中平六年（189），漢靈帝已經去世了，正值董卓當權。董卓早就聽說蔡邕特別有能力和才氣，只是一直不受重用，於是便傳召他入宮擔任代理祭酒，所謂祭酒，就是漢代的一個官職，主要負責掌管書籍文典，只有學富五車、德高望重之人才有

資格擔任。

一開始被董卓徵召的時候，蔡邕的內心是拒絕的，畢竟他也知道董卓這人人品不咋樣，弒君犯上，專斷朝政。所以蔡邕當下就稱病推托了董卓的傳召。董卓也不傻，一下就猜到了蔡邕是裝病，氣得一塌糊塗：好你個老蔡，心氣挺高啊，居然敢拒絕我？我還就不信了，非讓你來做官不可。

這次董卓不再直接下達指示了，而是間接地命令州郡徵召蔡邕到府。蔡邕心想，罷了罷了，總得找份工作養家糊口吧。亂世之中，我一個打工人也是身不由己。既然如今董卓當權，他又看得起我，那就去吧。蔡邕入職之後，董卓倒也不記仇，對他很是敬重。受到董卓的賞識之後，蔡邕在事業上就像「開了掛」一樣，先後擔任過侍御史、尚書等，差不多就是現在的正部級幹部。

老爸發達了，蔡文姬的生活品質也上了一個臺階。她回家的那段日子，過得格外自在，夜夜都是香夢沉酣，一覺黑甜；早上睡到自然醒之後，便會有下人伺候她穿衣洗漱吃早餐。老爸蔡邕奉命去長安城做官了，家中便只留了蔡文姬和她母親兩人。整個府邸的人，都圍著蔡大小姐轉。蔡文姬便安心地在家當「鹹魚」，每天彈彈琴、看看書，悠閒得不得了。這可以說是她人生中最快樂的時光了。

然而東漢末年，正逢亂世，時局變幻無常。前一秒還呼風喚雨的人，下一秒就有可能人頭落地。董卓雖暫得大權，但他禍亂朝綱，又剛愎自用，樹敵頗多，其中在朝中擔任司徒的王允最是看他不順眼。初平三年（192），王允設反間計，挑撥呂布將董卓殺死。雖說董卓是個亂臣賊子，但不管怎麼說，他對蔡邕有著知遇之恩，

還給困境之中的老蔡提供了份好工作。如今蔡邕聽說董卓死了，便不由得有些傷感。

照理說此時董卓已經下臺了，若要為他傷感一番，關起門來偷偷傷心一場也就罷了。但是蔡邕這人耿直啊，非得說出來，而且還是當著王允的面。蔡邕想起漢靈帝時期，自己被群臣排擠，被同僚誣陷，被皇帝誤解，再想到後來被董卓重用，一路高升。而如今，重用自己的人已死，今後該何去何從呢？

想到這裡，蔡邕心中不由得感慨萬千，歎道，唉，我能有今天，全靠董卓當初提拔我，都說他是國賊，但不管怎樣，他對我老蔡是有恩的。

這可把董卓的死對頭王允氣壞了，他大罵道，董卓這個大國賊差點傾覆了漢室，人人得而誅之，你卻只想著他對你的禮遇，還幫著他說話，難道跟他一樣是逆賊？活膩了吧！於是蔡邕就被王允下令收押治罪，蔡邕也意識到自己說錯了話，便遞上表道歉，一眾敬仰他才能的士大夫也紛紛替他求情。王允心想，唉，老傢伙估計也是糊塗了，要不放他一馬吧。然而蔡邕還沒等到赦免，一把老骨頭就被折騰得不行了，在監獄中與世長辭，時年六十歲。

蔡文姬和媽媽聽到蔡邕去世的噩耗，娘兒倆抱在一起哭得昏天黑地。蔡文姬的母親傷心過度，一病不起，沒多久竟也隨著蔡邕走了。可憐的蔡文姬一下失去雙親，再也沒有爸爸保護自己了，再也沒有媽媽疼愛自己了，從此以後，她便只能一個人艱難度日了。

父母雙亡，是她人生中的第二個關卡。

本來蔡文姬出身名門，才貌雙全，音律、詩文、書法，無一

不精通。若說人生如闖關遊戲，那麼蔡文姬就是拿到了最強裝備，進了最難的遊戲模式。她先後經歷了喪夫，喪父，喪母，上天好像是在考驗她到底能經受住怎樣的折磨。

或許有人要說，歷史上的聖人、大儒、才子，哪一個不是歷經磨難？都說天將降大任於斯人也，必先苦其心志，勞其筋骨，餓其體膚。要感謝磨難，感謝挫折，造就了各界大咖，遺澤後世。可是或許蔡文姬從來就沒想過要成就盛名。難道她會去想，千百年後，世人會不會將她評為「古代四大才女」之一？我想作為一個女子，她希望的一定是，在家時能承歡父母膝下，嫁人後能與夫君舉案齊眉，家庭和睦美滿，過著歲月靜好的日子，平安終老。

可是如今，再也沒有這種可能了。蔡文姬心裡好恨好痛，可她又不知該怪誰。看著空蕩蕩的家，蔡文姬心裡的絕望一點點地泛上來。在這世間，她已一無所有，還有什麼能失去的呢？

4

然而蔡文姬沒想到的是，更悲慘的事，還在後面。

興平二年（195），江山未定，南匈奴趁機進攻中原，大肆劫掠。一時間，天下亂成了一鍋粥。四處的亂兵，見男人就殺，見女人就搶。原本平靜的城鎮和村莊，瞬間爆發出破碎和撕裂的聲響。異族的狩獵者，像是闖入羊群的狼，刀尖是他們的獠牙，斧鉞是他們的利爪。他們需要大量的鮮血，才能填滿對殺戮的渴望。

戰火也蔓延到了蔡文姬的家鄉。

蔡文姬眼睜睜地看著一個個無辜的百姓被殘忍斬首，那些人頭分離的脖頸處，形成了一個個汩汩冒血的小型噴泉。人們的頭顱被掛在胡人的戰馬上，各色的面孔搖搖晃晃，留給世間一個或不甘或驚恐或絕望的表情。而他們臨死前沒有閉上的眼睛，好像仍在盯著自己被擄走的妻女，仍在觀看著這場血腥的殺戮遊戲，他們眼睜睜看著自己的家園，變成一個人間煉獄。

白骨露於野，千里無雞鳴。生靈塗炭，蒼天都為之悲慟。

蔡文姬後來在《悲憤詩》中記錄下了當時的亂象與慘狀：

> 平土人脆弱，來兵皆胡羌。
> 獵野圍城邑，所向悉破亡。
> 斬截無孑遺，屍骸相撐拒。
> 馬邊懸男頭，馬後載婦女。
> 長驅西入關，迴路險且阻。
> 還顧邈冥冥，肝脾為爛腐。
> 所略有萬計，不得令屯聚。

匈奴的士兵們，早就聽說中原的女子有如佳餚，個個鮮美無比。而蔡文姬作為聲名遠揚、才貌無雙的豪門貴女，更是讓他們垂涎三尺。她只是一個小小弱女子而已，在這亂世中無依無傍，所以當胡人將蔡文姬擄走時，她毫無反抗之力。

她只有深深地呼吸，彷彿要把這片土地的晨曦和黃昏，都吸入身體裡。

去往匈奴人領地的路途，漫長又顛簸。掙扎，求饒，痛哭，全都毫無用處，只會進一步激起胡羌士兵的獸性，招來更重的鞭打，更難聽的謾罵折辱。蔡文姬已經沒有力氣哭泣了，她只是機械地呼吸空氣，吞咽食物。

真是生不如死。

想自殺？那也沒門。日夜都有士兵死死盯著。到手的獵物若是死了，那多無聊。要的就是玩弄你於股掌之間，就像觀賞一條砧板上的魚被刮去鱗片後，將會如何掙扎。

越往西北前進，風沙越大，空氣越乾。蔡文姬雖然沒有上過地理課，但她根據周遭的景物判斷，這裡已是大漠的腹地。她很清楚地知道，自己離家鄉已經很遠很遠了，回家的可能性越來越渺茫。此處，難道就是她人生的盡頭了嗎？

終於到了。蔡文姬被當作最美味的珍饈，獻給了南匈奴的左賢王，也就是那裡地位最高的官員。

她是那麼白皙、嬌貴、柔弱，左賢王喜歡得不得了。

蔡文姬後來根據自己在胡地的經歷，寫就了《胡笳十八拍》，其中有一句，「胡人寵我兮有二子」。可能有人讀到這句話時，會產生這樣的誤解：蔡文姬是和王昭君一樣，遠嫁大漠，她得到了匈奴左賢王的寵愛，還為他生了兩個孩子，一家四口說不準還挺開心幸福的。的確，「草原梟雄征服中原侯門貴女」的情節讓人很容易腦補出一篇「匈奴左賢王獨寵漢人小嬌妻」的甜虐文，然而真正的歷史，從來就只有虐心，沒有甜。

蔡文姬根本就不是左賢王的妻子。匈奴諸王的妻子，通常都

被稱為閼氏，但蔡文姬從未被如此稱呼過。她甚至連小妾都算不上，南匈奴左賢王的姬妾中，根本就沒有蔡文姬這個人。

而且《後漢書·董祀妻傳》說蔡文姬是「沒於」左賢王，意思就是她淪落到了左賢王手中，而不是嫁給左賢王。蔡文姬自己也說「惟我薄命兮沒戎虜」「戎羯逼我兮為室家」「遭惡辱兮當告誰」。可見她從來就不是左賢王名正言順的妻子，而是被隨意打罵、受盡屈辱的女奴，是左賢王發洩欲望的玩偶，是他炫耀自己身分地位的工具。

戰爭，就是血與火，是刀與劍，是戰馬的嘶鳴，是乾坤顛倒，是煙塵滾滾，是殘肢斷臂，是馬革裹屍。而女人，在淪為戰爭的犧牲品時，有著一樣的痛楚。這份痛楚，因歷時長久，而更為殘忍。

這是在凌遲敵族最美麗柔弱的一個群體。一刀刀地割下去，讓你痛，卻偏不讓你死。

匈奴的大軍霸佔了中原的土地、中原的財富，以及中原的女子。掠奪敵族的女性，是每一場戰爭中最哀豔的一筆。這些女子不會被乾脆俐落地殺死，畢竟通過暴力手段得到的，只是一時快意，而胡人想要的，是長期而徹底的佔領。佔領中原女性的身體，又迫使她們用身體分娩出流著匈奴人血液的孩子，用孩子困住她們想回家的心。當了媽媽的女人最忍受不了母子分離，於是她們漸漸地被同化，棱角被磨盡，柔順得像一攤泥。

她們逐漸也有了黝黑的皮膚，會說一點匈奴語，也慢慢習慣了吃牛羊肉乳製品，就這樣成了一個匈奴女人。

對匈奴這樣的北方蠻族來說，漢族的年輕女子，是最珍貴的

珠寶，值得為之而爭鬥，累累傷痕，都是英勇的象徵。這不僅是男性征服女性的驕傲，更是異族征服中原的驕傲。他們雖然表面上臣服中原已久，但蠢蠢欲動的心從未停止過跳動。如今一朝將尊貴的中原女子佔為己有，肆意玩弄，在這時，他們感受到了勝利的喜悅和報復的快意。

況且漢人的女子，是多麼美麗和稀有啊。

匈奴本族的女人，由於基因和生活環境，很多生得比較粗獷，她們在草原上經受風吹日曬，臉龐黑黑的，高高的顴骨上頂著兩坨紅。她們吃著牛羊肉長大，身形都比較壯碩，肩能扛，手能提，看上去一拳就能打死一頭牛。而中原的女子呢，一個個都是那麼柔若無骨，嬌嫩白皙。雖然對美的定義有很多種，匈奴女子也有她們淳樸健碩的美，但或許是因為「物以稀為貴」，許多匈奴男人就喜歡柔婉纖弱的漢族女孩。

更何況蔡文姬，是中原遠近聞名的才女，得到了她，簡直就是無上的榮光。

5

然而蔡文姬並沒有因此受到善待。被擄來的女人，始終是奴。在胡地的每一天，對蔡文姬來說，都是折磨。叫天天不應，叫地地不靈。

匈奴人的日常生活和漢人差得太多了。他們說著蔡文姬一個字都聽不懂的匈奴語，穿著動物皮毛製成的衣服，簡陋又粗糙。

他們雖然也有兩隻眼睛、一個鼻子、一張嘴巴，可拼在一起，怎麼看怎麼彆扭。就連這裡的狗，都長得奇形怪狀。胡地的氣候更是讓人水土不服。大漠苦寒，蔡文姬總是渾身發冷，纖細的手指上生了紫紅的凍瘡。她還吃不慣胡人的食物，雖然作為左賢王的女人，蔡文姬的伙食還是要比普通的牧民家庭好一些的，飲食中會有牛羊肉和乳製品，可她的中原胃還是完全接受不了這些東西。每一次開飯時，蔡文姬雖然肚子已經餓得咕咕叫，但她看著那一坨半生不熟、散發著濃濃的腥膻味的肉，就捏著鼻子直想吐，完全吃不下。

吃不飽穿不暖，這還不是最慘的。更慘的是，自己作為左賢王的女奴，還得和他睡覺。

每當左賢王和自己親近的時候，蔡文姬都要屏住呼吸，閉緊雙眼，把自己想像成一塊沒有思想感情的肉。她的每一根汗毛、每一根頭髮都在拒絕。可是她在行動上，卻完全拒絕不了。男女力量的懸殊，讓蔡文姬知道，自己的掙扎完全就是徒勞的，一次次的反抗，只會招來更暴力的壓制和踐踏。

匈奴左賢王在蔡文姬眼裡，就是一個沒有進化完全的直立行走動物。他長得五大三粗，嘴裡嘰里呱啦說著匈奴語，一張醜臉湊近的時候，蔡文姬還聞到了他隱約的口臭和濃烈的體味。因為一生只洗三次澡，所以很多匈奴人身上都臭烘烘的。蔡文姬深深覺得，每天晚上，都有一隻說夢話打呼嚕的野獸睡在自己身邊。這怎麼可能睡得好覺呢？

在胡地的這些年，蔡文姬的顏值呈現斷崖式下跌。剛被帶到

北方的時候，她正值芳華，是個水靈靈的姑娘，可是這些年來胡地的凜風把她的臉蛋都吹皺了。再加上蔡文姬一宿一宿地睡不著，總是想念遠方的家鄉和逝去的親人，除了哭就是哭。頑固的黑眼圈配上紅腫的雙眼，一點都不好看，就像一隻弱小無助又可憐的兔子。而她曾經養在深閨細心護理的白嫩肌膚，也被風中的沙礫磨得有些粗糙了。

可蔡文姬壓根就不在意自己是美了還是醜了。都說女為悅己者容，可是對於身邊的這個左賢王，她一點都不喜歡，也完全不想取悅。

大漠的狂沙瞇住了她的眼眸，凜凜的寒風吹瘦了她的臉頰，長長的歲月熬空了她的軀體。一個女人，最美好的年華，就這麼消散在胡地不眠不休的風裡。

在胡地所遭受的痛楚，也被蔡文姬一一記錄在《悲憤詩》中。

旦則號泣行，夜則悲吟坐。

欲死不能得，欲生無一可。

彼蒼者何辜，乃遭此厄禍？

邊荒與華異，人俗少義理。

處所多霜雪，胡風春夏起。

翩翩吹我衣，肅肅入我耳。

感時念父母，哀歎無終已。

蔡文姬總是想起自己還在中原生活的那些年，特別是爹娘還

在世的日子。那時每天都是陽光燦爛，萬物明朗。就連家中最碎嘴長舌的那個老媽子，此刻想起來都覺得無比親切可愛。

那些她習以為常的生活，如今竟是如此遙不可及。撫琴品茗菜肴香，當時只道是尋常。

我總在想，到底是什麼支撐著蔡文姬在大漠活下去？或許她也曾無數次地想過，自己已家破人亡，在世上了無牽掛，每天又被胡人百般折辱，倒不如一死了之。活下去，比一刀抹脖子要難得多。懦弱的人，才會選擇死。而蔡文姬，不願就此屈服。

為了排遣寂寞，蔡文姬自學了胡笳。她從小就極具音樂才能，學起胡人的樂器也是得心應手。寂寥的長夜裡，每當胡笳之聲響起，蔡文姬便覺得，自己有了活下去的希望。

更重要的是，這時候蔡文姬發現，自己懷孕了。

6

肚子裡的孩子，是她在這世界上唯一的親人。雖然這個還未面世的小孩子，流著一半異族的血，可他是與自己緊密相連的啊。他在自己的身體裡，乖乖地蜷縮成一小團。蔡文姬決定，自己要好好地活下去。她逼著自己好好吃飯，好好睡覺，好好孕育腹中的胎兒。

孤獨的人世間，她終於不再是一個人了。蔡文姬感覺自己冰冷許久的身體，又一點點地暖起來。隨著孩子漸漸長大，蔡文姬的身體變得有些臃腫。再加上左賢王對她的新鮮勁已經過去了，

所以大多數時候，蔡文姬都是一個人待在帳中。

可她一點也不覺得孤單了。

蔡文姬仔細感受著腹中孩兒的胎動。她哼著家鄉的童謠，說著自己小時候的事情，她感到腹中的孩子在靜靜地聽著。月份大了的時候，孩子的小手小腳在她的肚子裡亂動，蔡文姬有了初為人母的欣喜。我要當媽媽啦。

十月期滿，孩子就要降生了。蔡文姬在分娩的劇痛中失去意識，直到一聲嬰兒的啼哭，把她從鬼門關拽了回來。她生下了一個男孩。皺巴巴、血淋淋的小人，長得真是醜。但他是那麼小，那麼軟，那麼需要母親的保護。蔡文姬不禁落下了熱淚。

帳外的寒風仍在呼嘯，帳內卻是前所未有的溫暖。

從前在這陌生遙遠的異鄉，蠻荒無垠的大漠，蔡文姬總感到自己孤立無援，像一隻掉了隊無法南歸而徘徊於風沙之中的大雁。煢煢孑立，形影相弔。日日都是徹骨的冷，侵體的寒，鑽心的痛。而此刻，有了懷中的小小嬰兒，她心裡感到無比柔軟和踏實。她貪戀孩子身上的奶香，那是一種因和她血脈相連而生出的親切感。

她是漢人的女兒，如今卻成了匈奴人的母親。但那又怎樣呢？作為一個女人，天生的母性叫她毫不保留地去愛，去付出，去給予。同時，她也從孩子的身上，得到了活下去的希望。她給了他生命和乳汁，他給了她光明和力量。同時，蔡文姬還一下擁有了天不怕地不怕的勇氣，好像她並不是懷中抱著一個粉嘟嘟的小寶貝，而是身後跟著一支所向披靡戰無不勝的軍隊。

女本柔弱，為母則剛。

我想聽他喊第一聲媽媽，想牽著他走出人生的第一步，想看著他一點點長高長壯，還想看著他娶妻生子。更想帶他回我的家鄉看看。雖然爹娘已不在，但看看家鄉的一草一木也是好的。

到底是山高路遠，歸夢難成。

在胡地的十二年歲月裡，蔡文姬先後為左賢王生下了兩個孩子，她早已身不由己地和這片異族的土地連在了一起。蔡文姬原本應該是恨得要死的，恨這個讓自己淪落胡地的匈奴左賢王，恨這個多番侵擾大漢的北方蠻族。匈奴一直都是大漢的仇敵，對匈奴的恨，是流淌在中原百姓的血液裡的。異族的鐵騎一次次地踏上中原的領土，燒殺劫掠，胡人手上的兵器，飲了多少無辜漢人的鮮血。

可是自己卻和匈奴左賢王共度了十二載春秋，哪怕她曾經有無數次想掐死這個男人的衝動，但不管怎麼說，和左賢王的那兩個孩子，讓她冰冷絕望的心，又變得溫暖起來。蔡文姬看著兩個小寶貝，從襁褓中粉粉嫩嫩的嬰兒，一天天地長大，從嗷嗷待哺到牙牙學語、蹣跚學步。漸漸地，他們的五官神情，有了左賢王的影子。所以後來蔡文姬再看到左賢王的時候，心裡想恨都恨不起來了，畢竟他是孩子們的親生父親啊。

可他又是手刃無數漢人同胞的仇敵，是把自己帶到這個鳥不拉屎的破地方的罪魁禍首。

蔡文姬看著兩個孩子一天天長大，也有了匈奴人那樣寬寬的下頜、厚厚的眉毛和高高的顴骨。他們每天像小野馬一樣在草原上馳騁，彷彿有著使不完的精力。蔡文姬總是遠遠地望著兩個小傢伙撒歡奔跑，他們雖然有著一半漢人血統，又是漢人母親撫養

長大，卻能完美地融入其他匈奴孩子中，好像他們是完全同根同源的兄弟，一點違和感都沒有。

蔡文姬心裡突然掠過一陣惶恐：我的孩子們以後會不會和那些匈奴人一樣，也拿起大刀砍殺漢人？那我不就成了大漢的罪人了嗎？此後蔡文姬幾乎每天都被這件事折磨得寢食難安，她感覺自己離崩潰只差0.01毫米。

可是還是得好好活下去，為了沒長大成人的孩子。

7

她的糾結止於某天騎馬而來的一群中原使者。他們替蔡文姬做了選擇。

蔡文姬不知道，此時的中原，已是曹操的天下。她的老爸蔡邕生前和曹操是關係很好的哥們兒，兩個人常常在一起談詞論賦，切磋書法，友情甚是深厚。如今曹操統一北方，大局初定，正是春風得意之時，想將這份快樂和好朋友們分享一番，這時他就想到蔡邕了。可是昔日故人早已駕鶴西去，唯有一個女兒流落胡地。曹操心中感慨萬千，唉，老蔡一家實在是太可憐了。如今他走了，可每年墳前連個掃墓的人都沒有。不行，我得把他的女兒小蔡接回中原。

曹操當下就派使者帶著貴重的禮物日夜兼程趕往胡地。他們抵達的那一天，蔡文姬仍如往常一般眺望遠方。她看到了變幻的流雲，看到了無垠的草原，看到了自己兩個活潑可愛的孩子。這

一次，她還看到了幾個穿著漢人衣裳的人，正騎著馬，踏著如血的殘陽，向她奔來。

漢使直接找到了左賢王，說要帶蔡文姬走。此時曹操實力強大，匈奴人即便剽悍，也要忌憚三分。左賢王有些怕了，若是為了一個非妻非妾的女人，得罪北方中原的霸主，那可真是不值得。再加上他看到了使者帶來了滿車的金銀玉璧，便鬆了口，同意蔡文姬回中原。

蔡文姬得知自己馬上就可以回到朝思暮想的家鄉了，一時間欣喜萬分。可這種喜悅只持續了不到三分鐘。她的兩個孩子看到來了陌生人，都拉住蔡文姬的手，一個勁地問媽媽來人是誰、發生了什麼事。他們還問蔡文姬，晚上要給他們做什麼好吃的，昨晚講了一半的故事，今天可以講完嗎？

蔡文姬沒有回答，只是緊緊地抱住了兩個小傢伙，眼淚止不住地流。她聽見自己的心碎裂的聲音。一邊是親生骨肉，一邊是家鄉同胞，該如何抉擇？

其實她並沒有選擇的權利。使者這次前來，任務就是要把蔡文姬帶回去。這恐怕不僅僅是曹操念及舊人的緣故，更是關乎中原的顏面。蔡文姬，作為大漢名臣之後，風華絕代的才女，應當是朝廷一級保護物件，如今卻在匈奴人那裡受盡磨難，這說得過去嗎？所以這次蔡文姬是想回也得回，不想回也得回。

蔡文姬當然也是想回家的。盼星星盼月亮，終於盼到了這一天。只是這一回，怕是要與自己的兩個孩子訣別了。再也不能為他們唱童謠講故事了，再也不能為他們裁制新衣服了，再也不能

見證他們的成長了。這兩個孩子曾照亮過蔡文姬的無數個寂寞黑夜，可現在她要狠心將他們拋棄了。

母子分離，是世上最痛苦的事。

兩個小傢伙扯著母親的衣袖不讓她走，蔡文姬幾乎哭到昏厥。她泣不成聲地對兩個孩子說道，媽媽還會回來看你們的，你們要乖乖的，好不好？哥哥要讓著弟弟，弟弟不許太調皮。你們每天都要吃飽、穿暖，要健健康康地長大。媽媽每天都會想你們的……

那種骨肉分離的悲痛，字字泣血，句句鑽心。

己得自解免，當復棄兒子。

天屬綴人心，念別無會期。

存亡永乖隔，不忍與之辭。

兒前抱我頸，問母欲何之。

人言母當去，寧復有還時？

阿母常仁惻，今何更不慈？

我尚未成人，奈何不顧思？

見此崩五內，恍惚生狂癡。

號泣手撫摩，當發復回疑。

兼有同時輩，相送告別離。

慕我獨得歸，哀叫聲摧裂。

馬為立踟躕，車為不轉轍。

觀者皆噓唏，行路亦嗚咽。

到底還是走了。

8

這一年是建安十一年（206）。

蔡文姬坐在歸家的馬車裡，想到十二年前自己被擄來胡地時的情景，仍是歷歷在目。她撩起簾子，向外看去。依舊是吹不盡的風沙，望不斷的天涯。十二年前，她無親無故，孤零零一人來到這片大漠。上天見憐，賜給了她兩個孩子，讓她一嘗為人母的幸福滿足。可如今，這種幸福又被無情收回，她又是孤零零一個人了。上天好像在玩一個殘忍的遊戲，打了她一巴掌，再給她一顆糖，她還沒來得及品嘗那顆糖的甜，又被狠狠地打了一巴掌。

蔡文姬的臉龐，早已被這些年的風沙磨礪得不再光滑。她的額頭、眼角，都有了細細的皺紋。她一身的風塵，一臉的疲憊，可她的眼睛，仍舊沒有失去光芒。紅彤彤的夕陽照著蔡文姬毫無血色的臉，彷彿要為她抹上一層胭脂，慶祝她終於可以回家。可蔡文姬的心裡很空很空。馬車每走一步，蔡文姬都離自己的兩個孩子更遠一些，卻離日夜思念的家鄉更近一些。

人生好難啊，為什麼總是不能兩全呢？

回了中原之後，曹操想到蔡文姬父母雙亡，孩子又遠在胡地，不忍她孤獨一人，便做主將她嫁給了董祀。這是蔡文姬的第三個男人。

這一年，她年近三十。將近而立之年，蔡文姬卻已經歷了丈夫早逝、父母雙亡、被擄胡地、母子分離這一系列的巨大人生變

故，每一個變故對常人來說都是難以忍受的打擊，可蔡文姬一一扛了下來。這些生命無法承受之重，卻全部加諸一個弱女子。也不知道歷史上的蔡文姬其人，到底擁有怎樣強大的內心，才能將崩潰邊緣的自己，一次次地拉回來，又目光堅毅地活下去。她始終在不屈地掙扎，在無聲地抗爭。

她的心佈滿了傷痕，卻從未停止過跳動。

史書上並未言明蔡文姬和董祀之間的感情如何。或許董祀只是奉曹操之命勉強娶了蔡文姬，他倆只是一段「形婚」，又或許他對蔡文姬動了心，倆人有了夫妻之情。不管怎樣，這樣平平淡淡的生活，對蔡文姬來說，是極其珍貴的。她感謝董祀，是他給了她一個家。

直到有一天，這種平靜被打破了。婚後，董祀不慎犯了罪，被判處死刑。蔡文姬又一次面臨著失去親人的局面。

可是她不能再失去了。

那一天曹操正在宴請公卿名士和外國來的使臣，蔡文姬冒著被降罪的危險，準備向曹操叩頭請罪。曹操得知蔡文姬在外面後，便對在座的客人們說，蔡伯喈的女兒就在門外，今天我請諸位見一見這位大才女。

賓客們很期待，想看到這位傳聞中才貌雙全的奇女子是怎樣的人物。

可蔡文姬進來的時候，眾人都嚇了一跳。只見她披散著頭髮，光著腳，跌跌撞撞地來到曹操的會客廳，跪倒在地·蔡文姬何嘗不知道，女子的赤足，是非常隱私的部位，關乎個人清譽；她又何嘗不知道，眾目睽睽之下，如此衣衫不整，有多麼丟人。

可是此刻她什麼都顧不上了，什麼名門之後，什麼詩詞才女，什麼臉面，什麼名節，她都不要了。她只是不願再受生離死別，如今這份安穩的生活，是讓她活下去的最後一口氣。

那一日天寒地凍，蔡文姬卻衣衫單薄，雙足赤裸，纖弱的一個背影，跪在大堂之上。

卸下釵簪披頭散髮的蔡文姬，一點都不好看了，甚至還很狼狽，很不體面。大漠的朔風吹了她十二年，這十二年歲月的痕跡，全都清清楚楚地顯現在了她的臉上。蔡文姬早已不是當年那個明豔動人的女子了，可她的眼神，卻是那麼堅毅、沉靜，還有一份知其不可為而為之的決絕。

蔡文姬並未失態痛哭，也並未多言，她沒有為夫君辯解，更沒有抱怨自己的不幸。她只是很誠懇、很誠懇地請求曹操，放自己的夫君一條生路。蔡文姬言辭清辯，目光決絕，在座賓客全都為她動容了。曹操也動了惻隱之心，他沉吟良久之後說道，但是降罪的文書已經發下去了，這可如何是好？蔡文姬回答，您有那麼多好馬，難道還捨不得用一匹快馬去拯救一條垂死的生命嗎？

也罷。十二年的大漠歲月，已給了她太多折磨。曹操心中終究不忍。他立刻下令，追回降罪文書，赦免了董祀的罪。

9

蔡文姬為夫求情的事蹟，被記載在《後漢書》裡。有人說，是夫妻二人情深義重，才會讓蔡文姬不惜一切相救。可也許，是

因為蔡文姬已背負了太多太多，董祀若是死了，便會成為壓死她的最後一根稻草。

書上還記載，後來曹操問蔡文姬：「你家的古籍還在嗎？」蔡文姬說：「父親曾留下四千多卷古書，卻因顛沛流離幾乎全部丟失，我倒是記下了一些，大約四百多篇。」曹操說：「那我派十個人幫夫人記錄下來可以嗎？」蔡文姬說：「大可不必。男女授受不親，我一個人寫下來給您就是。」

四百多篇文章，蔡文姬一一默寫了下來。那些珍貴古籍中的內容，才得以流傳於世。若是沒有蔡文姬，中國的一些歷史文化怕是要失傳了。

歷史上關於蔡文姬的記述，到此就結束了，彷彿她的人生也就此戛然而止。可是對蔡文姬來說，她的痛和恨，從未停息過。在胡地的經歷仍是心中揮之不去的陰影，蔡文姬曾無數次地夢到戰亂中掉落的人頭和飛濺的鮮血，夢到胡羌士兵猙獰的嘴臉，夢到左賢王慢慢逼近的身體和胡人飛快落下的長鞭。她還夢到了自己的兩個孩子，痛哭著想和媽媽見面。

她從那麼多的人生之大痛大悲中活了下來，寫下了流芳千古的《悲憤詩》和《胡笳十八拍》，還為國家整理和補充戰亂中流失的古籍。世人說她偉大，說她忍辱負重，背負著國家的使命。她的形象不朽於世，散發著神聖的光輝。《後漢書》的作者范曄評價她：「端操有蹤，幽閒有容。區明風烈，昭我管彤。」

後世根據她留下的作品，將她評為「古代四大才女」之一。後人也有無數評價蔡文姬的詩詞，把她流落胡地的那一段經歷說

得那麼哀婉，「十八拍笳休憤切，須知薄命是佳人」。被文學粉飾過後，好像血淋淋的殘忍現實都變得淒美、壯烈。

她的確是才女，是一段傳奇。可首先，她是一個人，一個女人，一個母親。她經歷著最痛的事情，卻寫下了最令人動容的詩歌。

《胡笳十八拍》的曲調沉鬱頓挫，如同鑿子一般，將蔡文姬那段塵封的胡地歲月鑿了個缺口，往事譁然而出。那個在亂世中受盡磨難卻堅韌不屈的女子，正一步步踽踽獨行於歷史長長的甬道之中。她越走越佝僂，柔弱的雙肩上彷彿背負著極為沉重的東西，將她壓得都快喘不上氣了。可她仍顫抖著手，書寫下了那段鑽心刺骨的歷史。

> 戎羯逼我兮為室家，將我行兮向天涯。雲山萬重兮歸路遐，疾風千里兮揚塵沙。人多暴猛兮如虺蛇，控弦被甲兮為驕奢。兩拍張弦兮弦欲絕，志摧心折兮自悲嗟。
>
> 無日無夜兮不思我鄉土，稟氣含生兮莫過我最苦。天災國亂兮人無主，惟我薄命兮沒戎虜。殊俗心異兮身難處，嗜欲不同兮誰可與語！尋思涉歷兮多艱阻，四拍成兮益悽楚。
>
> 天無涯兮地無邊，我心愁兮亦復然。人生倏忽兮如白駒之過隙，然不得歡樂兮當我之盛年。怨兮欲問天，天蒼蒼兮上無緣。舉頭仰望兮空雲煙，九拍懷情兮誰與傳？

她的身後，是冷月羌笛，是飛沙走石，是蒼茫大漠。她一身塵土，容顏不再。可她還是值得世人深深的、充滿敬意的一拜。

謝　道　韞

（３３５？－４０５？／晉朝）

最颯女神嫁錯了人

1

　　夜深了，蠟燭也快燃盡了。謝道韞放下手中的書，看著倒在床上呼呼大睡的王凝之，無奈地歎了口氣。

　　「唉，我怎麼嫁了這麼個玩意兒？」

　　謝道韞小姐和王凝之先生婚後的生活，雖然說不上是雞飛狗跳，卻有種讓人無力的窒息感，還不如那些天天吵吵鬧鬧的小夫妻。這兩人連架都不願意吵，是因為謝道韞壓根就不願意搭理她老公，話不投機半句多，和王凝之這麼個憨貨說啥都是對牛彈琴。最近他正沉迷於五斗米道，深信自己能長生不老、羽化登仙，整個人就跟魔怔了似的。

　　謝小姐對自己的老公已經無語了。她無數次地安慰自己：罷了罷了，老王愛幹嘛就幹嘛吧，反正自己也懶得管。只是這憨貨天天神神道道的，看得自己頭都大了，還不如分居，眼不見為淨，各過各的得了。

　　再不然就……離婚？現在的婚姻狀態，如同雞肋一般，實在是食之無味，若是棄之，嗯……倒也並不可惜。只是家族聯姻，

其中關係盤根錯節，牽一髮而動全身，若是此刻任性地一斷了之，後續必然一堆麻煩事。再說王凝之一沒出軌，二沒家暴，犯的並不是什麼原則性大錯，沒理由離婚啊。若是無緣無故鬧著要離婚，成何體統？她謝道韞可是家族的驕傲啊，可不能給謝家丟人。

唉，真是無奈。那就將就著過吧。

謝道韞眼睜睜地看著時間如同流水一般，抓也抓不住地從指縫間溜走。而自己的婚姻，被這如水的時間，沖刷得無比蒼白。她的心中不免有些淒涼。

結婚前的自己，也曾幻想過有朝一日會嫁給一個志趣相投的男人，和他舉案齊眉，恩愛白頭。而不是如現在一般，獨倚西窗，無人共剪紅燭，醒也無聊，醉也無聊，只能聽著窗外風蕭蕭，雨瀟瀟，瘦盡燈花又一宵。

年少時的謝道韞小姐，並沒有想到自己未來的婚姻會是這樣一地雞毛。畢竟她是「天之驕女」，一路順風順水，怎麼偏偏就掉進了王凝之這麼個大坑裡呢？

的確，謝道韞的家庭背景非常不簡單，她出身於東晉的名門望族——陳郡謝氏，是讓人羨慕嫉妒恨的「含著金湯匙出生的孩子」。唐朝大詩人劉禹錫有詩云：「舊時王謝堂前燕，飛入尋常百姓家。」說的就是曾經盛極一時的王家和謝家。謝家有多富呢，他們打賞下人的銀子，就足以養活謝府門口那一條街的人家。謝家上上下下的吃穿用度，僕從侍女，都是最好的，甚至可以比肩皇族司馬氏。就連謝家養的狗，都是整條街最靓的那一隻，它每天

叫喚得都比別家的狗更加響亮威風。畢竟能成為謝家的一分子，那可是莫大的榮耀。謝家不僅有錢，還有權，有社會地位。從祖上起，謝家便人才輩出。這就不得不感歎基因的強大了，謝家的每一個子孫都不是平庸之輩，他們要麼文采風流，是文藝界中極為傑出的人才，要麼極具政治才能，能夠輔佐天子治國興邦。如果謝家一不小心出了個平平無奇的孩子，那他很有可能會被懷疑不是謝家的血脈。

而謝道韞小姐，就是謝家無數優秀的子孫裡，最為出類拔萃的那一個。她就相當於奢侈品中的限量款，豪車中的頂配。

謝道韞的爸爸是豫州刺史謝奕，媽媽阮容則是竹林七賢之一阮籍的族人。她的叔父就更了不得了，是大名鼎鼎的謝安。此人到底有多牛呢？首先他歷任征西大將軍司馬、吳興太守（相當於現在的市長）、吏部尚書，是皇上最得力的股肱之臣，憑藉著淝水之戰的勝利而名垂青史，彪炳千古，以一己之力將謝家的榮耀推上了頂峰。而且謝安還是大詩人李白的偶像，想想李白那是何等高傲的人啊，又是「天子呼來不上船」，又是「安能摧眉折腰事權貴，使我不得開心顏」。這樣一個連皇帝都看不上的大才子，卻在詩詞中反覆吟詠讚美謝安，「謝公終一起，相與濟蒼生」，「但用東山謝安石，為君談笑靜胡沙」。大詩人李白在謝安面前秒變小迷弟，對其大濟蒼生的豐功偉績崇拜得一塌糊塗，由此我們能夠想像謝安是多麼厲害的人物了。

若是有幸能被謝安這樣的大人物誇讚一次，可以說是畢生的榮耀了。而史書則是記載謝安曾三番五次地誇獎謝道韞，大讚其

「雅人深致」。那麼到底是什麼寶藏女孩，能被謝安如此賞識？

　　從世俗意義上說，謝道韞擁有端麗的外表、智慧的頭腦和顯赫的家世，不管放在哪個年代都是女神級別的人物。不過她的魅力可遠不止這些。謝小姐雖然不是傾國傾城的大美女，可是很有氣質，她從小就愛讀書，書卷的冷香將她浸潤得格外出塵脫俗。雖然生在一個白玉為堂金做馬的富貴人家，謝小姐卻對物質享受並不怎麼感興趣。那時豪門貴族的小姐們常常會聚在一起開派對，女孩子們嘰嘰喳喳地聊著時下流行的衣服首飾時，還偷偷摸摸地討論誰家的少爺最帥、誰家的公子最有才。而與謝家齊名的琅邪王氏家族的子弟們，則成了許多女孩子的春閨夢裡人。她們都聽說，王家的公子們，個個出類拔萃，帥氣多金又有才，風流瀟灑人人愛。此時只有小謝同學安安靜靜地捧著本書坐在一旁，她雖然表面上淡定，內心還是起了一絲絲波瀾的，畢竟正當妙齡的少女，心裡怎麼可能不對愛情和婚姻有幾分憧憬呢？

　　謝道韞心裡默默地想：「《詩經》中所說的『琴瑟在御，莫不靜好』到底是怎樣的旖旎？我也會遇到讓我『一日不見，如三秋兮』的良人嗎？」

　　只是自由戀愛這個事，對古代大多數女孩子，特別是大戶人家的小姐來說，是可望而不可即的。在婚姻裡，她們從來就沒有自主選擇權，和另一個人的結合，往往都是基於家族聯姻的考慮。古書上對婚姻的解釋就是：「將合二姓之好，上以事宗廟，而下以繼後世也。」對古人來說，婚姻是一份責任，上要奉祀宗廟，下要繁衍子嗣。什麼情啊愛啊，通通別想了，只管一心一意好好

生娃。如果婚後相處下來，兩個人合得來，那就很幸運了。如果不幸匹配到一個「豬隊友」，那也只能自認倒楣。婚姻像極了一場賭博，賭贏了皆大歡喜，賭輸了那就要賠上一輩子。

未婚女孩們都在默默祈禱，上天保佑，賜我一個靠譜的老公吧。

2

謝家對於子孫後代的教育十分重視，特別是對於謝道韞這樣天資聰慧的孩子，就更要悉心栽培了。因此她不僅從小就得到了名師指導，而且家中藏書萬卷，小謝同學可以盡情地暢遊在書的海洋裡。

或許天資聰穎的孩子很多，可並不是人人都有機會接觸到稀缺的教育資源。古代並沒有九年義務教育，只有那些大戶人家，才有足夠的金錢、時間和精力投到下一代的文化教育上。特別是對女性而言，想要得到讀書的機會就更加困難了。古代的女孩子長大了是要嫁人生子，忙活於灶邊爐臺的，學那些儒家經典、詩詞歌賦有什麼用？還不如幫著家裡浣紗織布，補貼補貼家用，再多學幾道拿手菜，以後用來拴住老公的胃。

可幸運的是，謝道韞不僅是名門望族的孩子，還出生在東晉時期。值得一提的是，魏晉南北朝是一段有些任性又有些可愛的時期，那時多個政權並存，統治者們各管各的，再加上北方少數民族的入侵，多個地域的文化在中原大地遍地開花，走在大街上

都會時不時碰見幾個胡人嘰里咕嚕地說著他們的方言。所以說，人們的思想便越來越活躍。特別是那些文藝青年，他們內心的野馬被關了好幾百年，這下終於脫了韁，可以跑出來盡情撒歡了。

精神相對自由的環境下，兩性觀念也開放了許多。「女子無才便是德」的思想也不再禁錮著廣大好學上進的女孩子了，她們終於有了光明正大地接受良好教育的機會。曾經大門不出二門不邁的小姐們，如今終於不用再偷偷摸摸地躲在深閨裡讀書寫字了。她們可以進入私學，在陽光下看書寫字，在清風裡吟誦詩詞。特別是像謝家這樣的名門，家庭觀念就更為開明了，女孩子可以和男孩子平起平坐，平等地談詞論賦，甚至時不時舉辦詩詞大賽，一較高下。

所以說，謝道韞雖然是個女孩子，但她從小就接受了最優質的教育。甚至因為天賦異稟，她還得到了叔父謝安格外的偏愛和專門的指導。那時謝家的小朋友們總是比賽誰的詩詞背得最快最熟，小謝道韞次次都是第一名。謝安每次下朝回家，都能聽見小謝道韞稚嫩卻清朗的吟詠之聲，一身的風塵疲憊便消除了大半。

謝安雖然有一堆國家大事要操心，但他還是會抽出時間來關心一下謝家晚輩們的學習情況，時不時抽查一下小輩們詩詞背得熟不熟，書中內容理解得透不透徹。誰進步了，誰退步了，誰勤勉，誰懈怠，謝安心裡都有數。

有一次叔父謝安問謝道韞：「小侄女，你說說，覺得《毛詩》中哪句最好啊？」這裡的《毛詩》指的就是我們現在的《詩經》。小謝道韞思考了一會兒後，朗聲答道：「《詩經》三百篇，莫

若《大雅‧烝民》云：『吉甫作頌，穆如清風。仲山甫永懷，以慰其心。』」謝道韞雖然那時還不過是個小丫頭片子，可能就是別的小朋友還在玩泥巴的年紀，她卻已經能夠熟練背誦並理解《詩經》全篇了。而她最喜歡的這句，是在讚美仲山甫化養萬物的雅德和輔佐周王的政績。謝道韞小小年紀就能有這樣的格局，實在是不簡單。謝安聽後欣慰極了：「不錯不錯，不愧是我親侄女，果然和我一樣有著深遠的見解，孺子可教啊！」

謝道韞最出名的事蹟，便是她的「詠絮之才」了。那一天謝安又組織了一場家庭聚會，畢竟這麼大個家族，還是得時不時搞個內部聯誼，增進一下彼此的感情。那一日正好下大雪，天地之間一片白茫茫的。謝安興致大發，心想何不趁此機會考驗一下我謝氏家族晚輩們的才華？於是他問在座的孩子們：「白雪紛紛何所似？」謝安哥哥的兒子謝朗第一個舉手搶答：「撒鹽空中差可擬。」謝安不置可否地笑了笑。接下來就是謝道韞發言了，她吟詠道：「未若柳絮因風起。」謝安聽了之後欣慰地哈哈大笑，果然還是自己的小侄女最有才情啊。

這段故事被記載在《世說新語》中，值得一提的是，這本書並不是正兒八經的史書，所以上面記載的事有的是真的，也有的是傳聞。所以誰也不知道，千百年前的某個落雪之日，是否真的有一個小姑娘，繡口一張，吟出了這樣一則流傳千古的佳句。但無論怎樣，謝道韞的「詠絮之才」讓她在歷史上留下了芳名，被後世反覆地提及。曹雪芹筆下林黛玉的判詞就是「堪憐詠絮才」，《三字經》中也有云：「蔡文姬，能辨琴，謝道韞，能詠吟。」就是

這麼一句不知真假的詩，成了謝小姐的代表作，「詠絮之才」也成了她鮮明的個人標籤，「未若柳絮因風起」更是成了中學課本中被重點賞析的詠雪佳句。

古往今來，那麼多帝王將相、才子佳人，他們的故事被世人講述了無數遍，出現在戲劇中、小說中和影視作品裡。就比如說四大美女之一的貂蟬，世人早已默認了她是真實存在的，甚至還為了這位佳人的故里到底位於何處的問題而爭論個沒完沒了。而實際上，貂蟬是杜撰出來的人物，正史《後漢書》的記載中，只提到了呂布和董卓的私人恩怨，至於貂蟬，史書上並沒有記載過關於她的內容。這個傳聞中有著傾城之色的絕代佳人，只是後世之人編織出來的一場綺夢，臆造出來的一段傳奇。或許發生在她身上的事情真實與否並不重要，重要的是我們所認為的她是怎樣的，至於真實的歷史，我們並不在意。可也正是因為人們總擅長無中生有，給歷史不斷地加戲，那個早已湮沒在歲月塵土中的世界，才能一點點地被還原和再次創造，那些早已消逝在秋月春風裡的人，才能一次次地活過來，在我們的世界裡行走如風，熠熠生輝。

正如謝道韞，關於她的官方記載少得可憐，可是這個女子，卻如此生動地活在我的腦海中。我可以通過關於她的傳聞逸事，瞥見一個古代女子的生命軌跡，瞥見東晉風貌的一隅，瞥見廣大女性群體跨越時間的相似之處。有人說人類的悲歡並不相通，可是有些情感是綿延千百年而不滅、連通古今而不斷的。

兩個不同世界的生命在此刻重合，那時的她們與現在的我

們，並沒有兩樣。

3

　　或許因為老爸是大將軍，將門之風延續到了謝道韞身上，她的少女時代，並沒有太多倚門回首嗅青梅的嬌羞。歷史上的才女們，總會有一段愛得轟轟烈烈的感情，就連發出「生當作人傑，死亦為鬼雄」之千古長嘯的李清照，都會在丈夫趙明誠面前顯露出宜喜宜嗔的小女兒情態，可謝道韞所作詩詞和關於她的史書記載中，卻從未提及一星半點謝小姐的柔婉之態。或許她的溫柔，只會展現給值得的人。至於王凝之，他從來就不配。

　　謝道韞的感情一直是個疑問，而王凝之，就是個答非所問的錯誤答案。

　　眼看著謝道韞長成了個亭亭玉立的大姑娘，到了嫁人的年紀。然而像謝家這樣富比王侯的高門大戶，普通人家是沒有資格與之聯姻的。癩蛤蟆想吃天鵝肉？可能性為0.0000001％。

　　愛情的產生是由於一時的荷爾蒙衝動，可以暫時無視年齡和階級的差距，所以總會有富家女和窮小子相戀，或是霸道總裁愛上灰姑娘的狗血劇情。這些跨階級戀愛的故事聽起來無比浪漫，滿足了我們對於現實中種種難以觸及的事物的終極幻想。然而現實生活中，王子不會娶灰姑娘，公主也不會下嫁給窮小子。也許他們會因為陰差陽錯而相識相知相戀，但結婚，完全是另一碼事。即便相戀了，也很難敵過似水流年的侵蝕。因為一段雙方差

距太大的愛情，時間久了，各種各樣的問題便都會湧現。比如，她興沖沖地對他說假期她要和閨密去巴厘島潛水，他說還不如和他在村口小池塘釣魚，花那麼多錢飛去巴厘島幹嗎？

真正好的感情，從來都是勢均力敵——你很好，可我也不差。特別是婚姻，從來就不僅僅是兩個人之間的事，而是涉及兩個家庭，所以門當戶對絕不是封建思想，而是古今不變的道理。

可以與謝家勢力匹敵的，也就只有琅邪王氏了。

王家的王導是東晉開國元勳，也是個響噹噹的大人物。王家和謝家兩大家族統領著文壇仕途，在社交圈的金字塔尖屹立不倒。這兩家一直以來關係都很好，他們不僅在朋友圈經常互相點讚評論，私下還經常約飯聚會。謝道韞的叔父謝安為了小姪女的婚姻大事操碎了心，畢竟謝家這條件，要找一個門當戶對的可太難了，於是謝安就把人選鎖定在了王家。謝安心想：「老王家底蘊頗深，可與我謝家匹敵。老王夫婦人又都很好，想來我姪女嫁過去也不會受什麼委屈。」

於是那段時間謝安常常抽空去王府上拜訪，暗中觀察王羲之的兒子們哪個適合做姪女婿。私心來說，謝安最喜歡王羲之的小兒子，這孩子完美繼承了他爹王羲之的書法天賦，又勤於練習，小小年紀便名滿京城。只可惜王獻之年紀尚小，而且他一直暗戀自己的表姐郗道茂，並不想另娶他人，謝安就只好放棄了這個人選。

王徽之是謝安的第二個姪女婿人選。謝安聽說他也很有才氣，而且頗有名士風範，率性灑脫，便對這個男孩子格外關注。

但沒想到謝安每次見到王徽之，他都是蓬頭散髮、衣冠不整的，還天天東遊西逛的，看上去就是一個不良少年。謝安心中有些猶豫：「這孩子怎麼這麼邋遢呢，做我姪女的丈夫靠譜嗎？」

但實際上，魏晉時期就流行這種風格。放蕩不羈是一種態度，不修邊幅是一種潮流，後來人們管這叫「魏晉風度」，風流天下聞的「竹林七賢」都是這個流派的代表人物。當然了，走這種路線的前提是得有才華。才子這麼幹叫風流瀟灑，不拘禮節；若是無才無德的人這麼幹，就只能被認為是腦子有問題的二傻子了。

不過即便是才子，他們的行為通常也很難被世人所接受。這些魏晉名士不僅經常熬夜喝酒，喝醉了就耍酒瘋，還特喜歡嗑藥，大名鼎鼎的五石散就是他們的最愛。據說這五石散能讓人「神明開朗」，也就是服用之後能容光煥發，提升顏值。可見他們平時的言行舉止怎是一個「狂」字了得。「竹林七賢」之一的劉伶，不僅經常縱酒狂歡，還喜歡在家裡裸奔。來客們見他一絲不掛地在家晃來晃去，都忍不住偷偷嘲笑他。劉伶見了立刻毫不留情地頂回去：「我把天地當作家，把房屋當作衣服褲子，你們幹嗎要鑽到我褲襠裡來？」

酗酒、嗑藥、裸奔，這都是一群什麼奇人啊？

不過他們還是有可愛的一面的，比如喜歡養小寵物。只是他們的寵物有些冷門，就是蝨子。因為這幫人不喜歡洗澡，身上總是髒兮兮的，還喜歡穿寬袍大袖的衣服，這就給蝨子提供了完美的棲息地。風流名士們經常「捫虱而談」，並把這當作一件絕頂高雅的事。

世人笑我太瘋癲，我笑世人看不穿。

的確，正常人還真是沒法看穿這幫名士，只當他們是一群精神不太正常的人。雖然王徽之也是位很有才華的書法家，但他就是這一群放飛自我的名士中的一個。如此放浪形骸，誰家敢把自家閨女嫁給他們？謝安實在是擔憂，於是王徽之就這麼被淘汰了。下一個被謝安看中的是王凝之，此人是王徽之的哥哥，看起來還算老實可靠，雖然不甚瞭解此人人品志趣如何，但畢竟出身於簪纓世家，從小也應當接受了很好的教育，再加上他老爹王羲之的光環做庇護，想必此人也應該不錯，畢竟俗話都說虎父無犬子嘛。

但誰也沒想到，王羲之還真就生出了王凝之這麼個狗兒子。

父母之命，媒妁之言，謝道韞也沒的選，稀里糊塗地做了王凝之的妻子。而王凝之，則是覺得幸福來得太突然了，自己竟然能娶到絕世大才女謝小姐。剛結婚的時候，謝道韞對自己的丈夫是抱有一絲期待的。她早就聽說王家子弟個個出挑，不僅書法寫得好，詩詞歌賦也都通曉，想來王凝之會和自己有共同話題吧。雖然兩個人在結婚前沒有機會好好地互相瞭解一下，不過若是志趣相投，先結婚後戀愛也未嘗不可。

也許我能和他在清風明月裡一同吟詩作對，春日看姹紫嫣紅開遍，冬日賞白雪紛飛，多美好啊。

那麼謝道韞中意的是怎樣的男子呢？大概和志氣高潔的嵇康一般，如山中松柏，凌寒傲雪，不凋不敗。她曾寫下一首《擬嵇中散詠松詩》，以表達對嵇康的仰慕，亦借此抒發自己的情志：

遙望山上松，隆冬不能凋。
願想遊下憩，瞻彼萬仞條。
騰躍未能升，頓足俟王喬。
時哉不我與，大運所飄遙。

　　未曾走進婚姻圍城裡的女孩子，總是會對婚後生活有著無限的神往。即便已經進入圍城中的人都趴在城牆上對著城外的人大喊「城裡不好玩，別輕易進來」，但還是有那麼多人憧憬著城內傳說中的旖旎風光。

　　在外人看來，王凝之與謝道韞，是天造地設的一對。他們的家世那麼匹配，都是名門之後。一個是當朝重臣謝安最疼愛的親姪女，一個是大書法家王羲之的寶貝兒子；一個是詠絮才女，一個是書法才子，就像童話裡的公主和王子，看上去是非常般配的。然而感情這回事，從來就是如人飲水，冷暖自知。很多時候，歲月靜好只是表象，即便沒有雞飛狗跳，日復一日的柴米油鹽，也會將當初的激情損耗殆盡。更何況，謝道韞對王凝之從來就沒有過熱情。因為一結婚，謝道韞就發現，王凝之完全就不是她想像中的樣子，或者說，婚姻根本就不是她想像中的樣子。

　　琅邪王氏的花轎，是配得上謝家門第的。只可惜，那個人，並不是對的人。

　　童話裡的美好都是騙人的，王子和公主並沒有過上快樂的生活。

4

客觀來說，王凝之是個挺實在的小夥子，還是很適合做丈夫的。他沒有養蝨子、裸奔這些奇奇怪怪的癖好，也沒有亂搞男女關係，而且還繼承了老爸王羲之的書法才華，隸書草書都寫得有兩把刷子。或許大部分普通人家的女孩子，都會崇拜王凝之在書法上的造詣，或者傾倒於他名門之後的風範。可是對見過大世面的謝道韞來說，王凝之真的太普通了。沒有對比，就沒有傷害。如果說王羲之是書法上的「王者」，那麼王凝之只能算是個「青銅」。

最令人無語的是，王凝之的很多言行舉動都是智商不夠的樣子，甚至讓人懷疑他不是王羲之這個大書法家親生的，而是某個地主家的傻兒子。謝道韞無數次地在心底發出疑問：「不是吧不是吧，王家咋還有這麼個玩意兒？」

就比如，王凝之是五斗米道的狂熱粉絲，信教信得格外虔誠。天天焚香念經，搞封建迷信。生活中遇到了任何麻煩事，他都不動腦子，盡指望著自己所信奉的天神可以幫他解決問題，排憂解難。他自詡為「王半仙」，人生終極夢想就是羽化登仙，而現在是他在人間修煉。關於王凝之，歷史記載的要麼是他做的荒唐事，要麼就是他老婆謝道韞對他的吐槽。

謝道韞在王家過得很是憋屈，結婚後沒多久，謝道韞就跑回了娘家，成日拉著一張臉，不知道的人還以為她死了老公。謝安一看謝道韞不高興了，就關心道：「寶貝侄女啊，你怎麼不開心

啊？佢女婿對你不好嗎？照理說他是王羲之的兒子，人品和才學都不錯啊，你咋會不滿意呢？」謝道韞歎了口氣說：「我們謝家的兄弟個個都很厲害，我還以為和我們家齊名的王家也全是人才呢，可是怎麼偏偏出了我老公王凝之這麼個憨貨呢！」《世說新語》中記載的謝道韞的原話是：「不意天壤之中，乃有王郎！」後世還衍生出了個成語叫作「天壤王郎」，意思就是天地之中怎麼還有這種人？

來自妻子的官方吐槽，最為致命。

雖然歷史典籍中並沒有關於謝道韞與王凝之婚後生活的詳細描摹，但通過謝道韞這麼一句「天壤之中，乃有王郎」，我們可以想像謝道韞有多嫌棄她老公了。然而客觀來說，王凝之並沒有謝道韞說的那麼糟糕。

首先，作為一個丈夫，他並沒有做什麼傷害妻子的事，什麼出軌劈腿養小三，歷史上都從未提及，可見王凝之並不是我們現在所說的渣男。其次，他的個人愛好——信教煉丹，雖然有些荒唐，但有一說一，這並不全是他的錯，因為王家的家族傳統就是信教。他的老爹王羲之和族中的其他兄弟，也都是五斗米道的忠實粉絲。再者說來，雖然謝道韞說王凝之是「天壤王郎」，讓人以為他真是個一無是處的窩囊廢，但事實並非如此。史書記載王凝之擔任過江州刺史，官職並不小。所以說，雖然謝道韞向叔父謝安吐槽自己老公平平無奇，但好歹王凝之過人的家庭背景和家族基因擺在那兒呢。平心而論，王凝之算是個合格的丈夫，他能給妻子兒女提供衣食無憂的生活，不亂搞男女關係，自己在事業上

還有點成就，照理說這樣的婚姻是很多女人夢寐以求的。

可謝道韞覺得，自己這輩子最大的敗筆，就是嫁給了王凝之。

肯定有人會覺得，謝道韞怎麼這麼不知足呢？

這段婚姻的問題就在於，謝小姐本人太優秀了，幾乎沒有男人能和她相匹配。所謂「曲高和寡」就是如此。她理想中的夫君，文能填詞作賦，陪自己吟風弄月，武能保家衛國，守護一方百姓。就像現在很多有顏值有學歷有能力的女孩子，一直找不到合適的伴侶。很多人都會覺得，這些女孩太挑剔了。可對有著更高人生追求的女孩子來說，找一個和自己三觀不同、差距太大的老公，只會給自己添堵。

5

不幸的婚姻各有各的不同，而幸福的婚姻都有一個共同點，就是兩個人彼此理解，相互扶持，有著共同的理想和追求。說白了，就是精神上相契合，兩個人是彼此的靈魂伴侶。

而王凝之和謝道韞這一對夫妻，就是一個典型的反面例子。他倆向我們生動詮釋了，兩個人生追求完全不同的人，硬湊到一塊生活會有多麼鬧心。

謝道韞是個見冬雪如風中柳絮的詩意女子，可王凝之是個不懂吟風弄月的大直男。想像一下，每當白雪紛飛之時，謝道韞都想踏雪尋梅，遍賞美景，重溫當年「未若柳絮因風起」的心境。可王凝之呢，只會冷得不停搓手，一個勁地說：「老婆啊，太冷

了，咱們進屋吧，這雪有啥可看的。」或許有人要說，結婚又不是談戀愛，哪有那麼多風花雪月，到頭來不都是柴米油鹽，生活瑣事嗎？的確，生活是要回歸平淡，回歸柴米油鹽醬醋茶，可是生活也需要浪漫，需要調味品，需要一點琴棋書畫詩酒花。王凝之於謝道韞，就如同一個合住室友，只是湊合著過日子而已。至於兩個人的精神世界，從來就沒有產生過共鳴。

謝道韞少女時代對婚姻的美好幻想，全被王凝之打碎了。

王凝之已經感受到了謝道韞很不待見自己。在王凝之眼裡，他的妻子是如此高冷，總是一副拒他於千里之外的樣子。一看見謝道韞冷冷的目光，王凝之立馬就慫了。偶爾鼓足勇氣示好，也被謝道韞冷臉打回去了。久而久之，王凝之也就破罐子破摔了，全身心地投入他的修仙事業。每當兩人不得不共處一室時，空氣總是安靜得讓人尷尬。或許有人要說，這樣一段蒼白的婚姻，乾脆離了拉倒。可是謝道韞從小接受的良好教育，迫使她不得不將這份體面維持下去。

再者說來，古代夫妻離婚是一件很麻煩的事。首先男人是不可以隨意休妻的，得嚴格遵守「七出」的標準。「七出」指的是不孝順父母、生不出孩子、出軌別的男人、嫉妒心太重、得了嚴重的疾病、長舌挑撥離間，以及盜竊財物。而女性呢，更不可以主動提出離婚。雖然有「和離」一說，也就是和平分手，但是到了唐代才正式將和離制度寫入法律，並且女方是不可以主動提出和離的。到宋代，女性才有了主動提離婚的權利，但是提離婚是要付出代價的，甭管是不是丈夫的錯，女子都得蹲兩年的監獄。我

們現在所說的和平分手，像什麼「這一世，夫妻緣盡至此。我還好，你也保重」，如此輕輕鬆鬆、歲月靜好的離婚，在古代幾乎不可能發生。

名存實亡的婚姻真是讓人抓狂。那種壓抑和沉悶的感覺，快把謝道韞逼成一個絕望主婦了。謝道韞看著丈夫一閒下來就在作法貼符，搞得像個捉鬼道士，而自己每天還得和這個捉鬼道士同床共枕，心中煩悶不已。而這時候，她發現自己有了身孕。謝道韞的人生，已經徹徹底底地和王凝之捆綁在一起了。

她想：「罷了罷了，既然如此，我只管好好養大我的孩子，其他的，都不管了。」

然而本應是一家之主的王凝之沉迷五斗米道，對家中大大小小的事情全都撒手不管，謝道韞無奈，只好當起了家。家中日常開銷的帳目有了出入，僕人們最近犯懶懈怠了沒做家務，孩子太頑皮到處亂跑不好好學習。一樁樁、一件件瑣碎之事，天天等著謝道韞去操心。原來生活就是雞零狗碎，婚姻就是一地雞毛。

忙完一陣家務瑣事後，謝道韞也會抽空懷念一下結婚前的閨閣生活。那時的她，在滿院落花裡撫琴，在習習春風中練字，在天朗氣清惠風和暢的日子裡，和謝家兄弟們去山間蘭亭暢敘辭賦，流觴曲水，發懷古之幽情，誦明月與清風。那年的她寫下《泰山吟》，直言自己想沉醉自然間，與山林相伴終老：

峨峨東嶽高，秀極沖青天。

岩中間虛宇，寂寞幽以玄。

非工復非匠，雲構發自然。

氣象爾何物，遂令我屢遷。

逝將宅斯字，可以盡天年。

　　自由自在的閨閣生活似乎已經很遙遠了，曾經的謝小姐，如今成了王夫人。曾經隨意披散的青絲，如今被一絲不苟地盤成髮髻。端莊、賢淑、穩重，這是她現在的角色定位。

　　僕人又來稟報家中事宜了。謝道韞回過神來，她知道自己現在的職責，侍奉公婆的禮數不能忘卻，親眷姒娌的關係要打點妥當，孩子們的教育不可耽擱。她是王家的媳婦，是王凝之的妻子，是孩子的母親，最後才是她自己——謝道韞。

　　好累啊。終於到了晚上，一天的雜事都處理完了，孩子也都睡覺了。謝道韞終於能沉浸在自己的世界裡，賞一賞如水月色了。只是山中月成了院中月，從來就不知她心底事。嫁了一個話不投機的丈夫，心中的無奈，只有自己知道。

　　為了維持一份體面，謝道韞還得演出一個幸福妻子的模樣給別人看。凡是遇上家族聚會，謝道韞和王凝之都心照不宣地配合著彼此的表演，演出一對琴瑟和鳴的夫妻模樣。在外人看來，他們門當戶對，相敬如賓。而私下裡，他倆誰也不理誰，各過各的。

　　圍城之中的歲月，數十年如一日，而一日又漫長得如同一年。

6

　　此時東晉王朝已經瀕臨崩潰，內亂頻發。399年，孫恩起義爆發了。起義軍先是進攻並佔領了浙江上虞，接著就準備進攻會稽郡城山陰，也就是如今的浙江紹興。這裡的一把手，就是王凝之。王凝之雖然個人能力很一般，但有他老爸和整個王氏家族撐腰，他的官運一直都挺好。

　　面對虎視眈眈、即將發起進攻的敵軍，王凝之作為一把手，照理說應該積極備戰，盡力保護城內百姓的安全。但王凝之似乎心理素質格外好，眼看著敵人就要來了，他依然整天優哉遊哉的，喝喝茶，逗逗小孩，要麼就是把自己關在屋子裡，誰也不知道他在裡面搗鼓啥。王凝之手下的幕僚實在看不下去了，苦口婆心地勸他：「王大人啊，大敵當前，您可要抓緊時間佈防，趕緊準備著對付敵人啊。」可王凝之一臉信心十足地回答道：「你們就別大驚小怪啦，本大人自有妙計。」幕僚們追問道：「大人的妙計為何呢？」王凝之得意一笑：「我天天都向道祖祈禱，他終於被我的誠心感動啦，專門請了天兵天將來幫我們守城，我們必勝！」說完又鑽進小黑屋去和他的天神商討大事了，扔下一群幕僚在那兒目瞪口呆，面面相覷。

　　謝道韞眼看著生死關頭，老公卻依然一副不靠譜的樣子，急得嘴角都快起泡了。於是她試著勸諫王凝之：「老王啊，你作為地方官，職責是保護一城百姓，如今敵軍就要來了，你倒是想想應對之策啊。」王凝之一看日常高冷的老婆主動和自己說話了，還挺

開心，他得意揚揚地對謝道韞說：「夫人莫急，一切盡在為夫的掌控之中，你就別操心啦。」

呵呵，果然是朽木不可雕也。謝道韞氣得翻了個大大的白眼，拂袖而去。

謝道韞知道老公是指望不上了，但她心想，自己作為地方長官夫人，不能置一城無辜百姓的生命於不顧啊。於是她招募了數百家丁，開展了緊急的戰前培訓。

然而臨陣磨槍的家丁們和訓練有素的起義軍軍隊，就像是普通顏值的路人和當紅女明星合照，妥妥地被無情吊打。孫恩率領著軍隊排山倒海而來，長驅直入攻進會稽。王凝之此時還不知醒悟，口中依然念念有詞：「天靈靈，地靈靈，天兵天將快顯靈！」然而他是等不到他信奉的天神趕來幫忙了，因為殺紅了眼的敵兵已經對著他舉起了大刀。

王凝之嚇得屁滾尿流，大叫道：「且慢且慢！可否等我請的天兵來了我們再戰？」那個敵兵心裡嘀咕了一句「什麼玩意兒？」，然後就一刀下去結束了王凝之的性命。王家的子女僕從們，死的死，傷的傷，曾經奢華昌盛的王家，此時卻彷彿人間煉獄一般。

謝道韞眼睜睜地看著自己的丈夫和孩子在眼前慘死，心痛萬分。她率領著王家的女眷們出城迎敵，隨手拿起兵器就要跟敵軍拼個你死我活。反正橫豎都是一死，還不如捨命一搏，倒也轟轟烈烈。然而她們一群書香世家的弱女子，平時連隻雞都殺不了，此刻怎敵訓練有素的起義軍？很快她們就被孫恩輕而易舉地俘獲了。

謝道韞絕望了。她緊緊摟著她年僅幾歲的外孫劉濤,衝著孫恩喊道:「事在王門,何關他族!必其如此,寧先見殺。」也就是說:「你孫恩要跟我們王家人過不去,我認了。可我的外孫是劉家人,是無辜的,你們要殺要剮儘管衝我來吧。」此刻的謝道韞神情堅毅,臉上絲毫沒有膽怯之色。孫恩也曾是琅邪士族,早就聽說謝道韞是個才德兼備的傳奇女子,如今又見她雖為一介弱女子,卻一副大義凜然毫不畏懼的樣子,心中不由得非常敬佩,便將謝道韞和她的外孫都放了。

從大難中活下來的謝道韞,心中幾乎萬念俱灰。她又痛又恨,痛的是至親慘死,丈夫和子女無一倖免於難;恨的是王凝之對叛亂毫不作為。若不是他迷信玄道,指望著天兵天將來擊退敵軍,自己的孩子們也不會無辜受害。可是如今,斯人已去,屍骨未寒,再責怪憤恨又有什麼用呢?

到底是所嫁非人,才釀成今日慘劇。

7

孫恩起義平定後,謝道韞便帶著外孫寡居會稽。又是一年白雪紛飛之時,可她再也不復當年心境。謝道韞的話變得更少了,除了打理府中事務,她便倚窗讀書寫詩,過著有如隱士一般的生活。

曾經那麼煊赫的王家謝家,如今卻已七零八散。

偶爾她也會想起當年初嫁王凝之時,自己是那麼意氣風發。

謝道韞不僅是作詩上的才女，她在玄理上也頗有造詣。所謂玄理，就是一些脫離現實的抽象問題，比如：我是誰？我生從何來，死往何處？我為何要出現在這個世界上，我的出現對這個世界意味著什麼……而文人雅士湊在一塊談玄論道，進行哲學辯論，被稱為清談，這在魏晉時期是一種人人跟風的時尚。古代四大美男子之一的衛玠，是晉朝有名的玄學家，據說他就是因為沉迷玄理，徹夜清談，整宿整宿地不睡覺，光顧著和人辯論。結果身體日益虛弱，最終體力不支，竟然累死了。可見那時的人們有多癡迷於清談了。

有一次，謝道韞的小叔子，也就是吳興太守王獻之，在廳堂上與客人討論玄理切磋口才，就相當於是一場小型辯論比賽。謝道韞一直對此很感興趣，便在內室偷聽。

為什麼她不能大大方方地出來聽呢？因為按照封建禮教，女子是不可以隨便拋頭露面的。一直以來，即便一個女性再怎麼有才情，她也很難被允許獨自美麗，而是紅袖添香在一個男人身側。好像這樣柔軟又美麗的女性，就應該被隱藏在男性的鋒芒之下，低眉順眼地做他們的陪襯。

辯論了幾個回合下來，王獻之漸漸理屈詞窮，無力招架。謝道韞心裡那個著急啊，簡直想要女扮男裝出去幫小叔子一把。情況緊急，眼看著王獻之被來客嗆得說不出一句話來了，尷尬得恨不得找個地洞鑽進去，這丟的可是堂堂王家的臉面啊。謝道韞便派隨身婢女告訴王獻之，「欲為小郎解圍」。隨後謝道韞讓婢女在門前掛上布簾，自己就在簾後，就剛才的議題與對方繼續交鋒。

來客萬萬沒想到，一個小小女子，竟有勇氣當場和自己切磋辯論，而且還字字珠璣，句句在理。在謝道韞的雄辯下，那位客人漸漸無力反駁，不得不甘拜下風。才女就是才女，真是厲害啊，王家的媳婦果然不簡單。

那時的謝道韞還年輕，一身的英姿颯爽。這麼多年下來，她的稜角仍然沒有被磨滅。新上任的會稽太守聽說了謝道韞的事蹟，特意登門拜訪，一番交談過後，感慨王夫人「風致高遠，詞理無滯」。《世說新語》中記載時人大讚她「神情散朗，故有林下風氣」。

後來的謝道韞，一個人孤獨終老。她沒有再嫁，也沒有找個人陪伴自己的黃昏歲月。她這一生，詩詞作得那麼好，玄理解得那麼妙，可是對於自己的婚姻，她始終困惑迷惘。困在圍城中的謝道韞，一直都沒搞明白情為何物，婚姻又有何意義。

此生不曾轟轟烈烈地愛過一場，好遺憾啊！

難道情志高遠的才女，註定要孤獨一生嗎？或許是曲高和寡，知音難覓。這世間，並無幾人配得上這樣的奇女子。縱使遇到志趣相投之人，一旦進入婚姻這座圍城，又必然會一同面對平淡如流水的日子。卓文君和司馬相如，為愛私奔，可即便曾經鮮豔如花的愛情，在似水流年的沖洗下，也會褪去顏色；再熾熱的情思，也有冷卻的一天。熱戀過後，該如何應對生活中的柴米油鹽、家長里短？有人能把雞毛蒜皮的日子過成優美的詩，與另一半恩愛到白頭；可也有很多人在婚姻的圍城中磕磕碰碰，跌跌撞撞，不知前路在何方。

謝道韞一個人垂袖立於院中，她一身寂寞，歎息不語。又是落花時節，簌簌落落如雪亂，拂了一身還滿。她漸漸湮沒在落花裡，她的一生，也就此落幕。

蘇　小　小

（４７９－５０２？／南北朝）

小小玻璃心，一碰就碎了

蘇小小

1

西泠橋畔有一處小小的墳塚，一個叫蘇小小的女子被葬在了這裡。她死去的時候，才二十來歲。這個女子的一生如此短暫，就像湖畔的一片花瓣輕輕地落下了。可是這縷芬芳，卻始終飄散在文人墨客的詩詞間。那些風雅居士彷彿是猜中了蘇小小的心思，知道她還沒看夠這西湖的空濛山色和瀲灩水波，便讓這個香夢沉酣的少女在他們的筆下一次次醒來，再次乘著油壁車，悠遊於西子湖畔。

她永遠都不曾老去。

一千五百多年前，錢塘江畔的春風，吹開了楊柳深處一戶人家的大門，這縷春風又穿過深深的庭院，吹開了掩著閨閣的重重帷幔。於是我們得以窺見那個倚在窗邊讀書的少女，得以窺見她優美的身影和蓮花般開落的絕美容顏。她的皮膚白得彷彿透明，這是江南的煙雨和優越的生活條件所滋養出來的白皙細膩。她的眉眼處處透著靈動，小小的嘴巴抿成了一顆鮮豔欲滴的紅豆。

女媧造人時一定對她格外偏心，才捏出了這麼一個精緻的瓷娃娃。

這個被養在深閨人不識的小美人喚作蘇小小。蘇家祖上做官，到了蘇小小老爸這一代，就開始做生意，也算是個有錢的大戶人家。蘇小姐從小就住著湖景別墅，穿著名貴衣裙，這樣被富養著寵愛著長大的女孩子，身上都有一種不諳世事的嬌貴和出塵脫俗的純真。這種純粹的美麗，是衣食無憂的生活帶給她的。若是貧苦人家的女孩子，天天為了生計操勞奔波，再好的底子都能給折騰沒了。

蘇家夫婦對這個唯一的女兒視若珍寶，含在嘴裡怕化了，揣在兜裡怕掉了。從未經歷過世間風塵的蘇小姐，純淨得就像清晨墜在葉尖的露水，晶瑩剔透，卻也倏忽易逝。

照理說，古代大戶人家的小姐是不能天天在外面撒歡亂跑的，但疼愛女兒的蘇老爺知道小小喜歡遊山玩水，便也由著她去了。因此蘇小小的閨閣生活是非常自由的，她生活裡有一半的時間，都在西湖邊上歡快地玩耍，撲蝴蝶，放風箏，玩累了就坐在湖邊吹吹微風，看看流雲。

不過蘇老爺也沒有完全將女兒放養在山野間，他雖然自己從商，卻保留著蘇家祖上溫書習字的家風，很重視培養下一代的道德修養和文學功底。因此蘇小小另一半的時間，就宅在家裡看書寫詩。蘇老爺並不會逼著蘇小小看枯燥乏味的女德女訓，而是鼓勵她看些自己喜歡的書，豐富自己的精神世界。蘇小小格外熱愛詩詞，她覺得那些平平仄仄的詩詞就和西湖的風月一樣，都是那麼靈動美好，充滿了生命力。

蘇小小就這樣在西湖山水的滋養下和詩詞歌賦的薰陶裡快快

樂樂地長大了，她既有著小女孩的嬌憨，又有著文藝少女的風雅。蘇老爺看著亭亭玉立的女兒，心下寬慰，他常常對小小說：「女兒啊，老爸希望你快樂，能一輩子做你喜歡做的事，爸媽永遠是你強大的後盾。」

2

然而這話說了沒幾年，蘇家就發生了重大變故。

小小十五歲那年，她的爸爸媽媽突然都去世了。似乎所有在歷史中留下姓名的美女，都會有一個悲慘的身世，而親人早逝或者家道中落，則是標準配置。蘇小小也沒逃過這個劫數。對任何人來說，這都是一個無比沉重的打擊，更何況是從小就被小心呵護的水晶人蘇小姐。

不過蘇小姐的內心，比我們想像的要強大得多。雖然哭得兩隻眼睛都腫成了桃子，但她很快就冷靜了下來，默默地對自己說：「爸媽肯定不希望看到我天天這麼以淚洗面，我得振作起來，堅強快樂地活下去。」小小彷彿一夜之間長大了，她變賣了家產，然後帶著乳母賈姨搬到了西泠橋畔，住進了一棟別致的小樓裡。

蘇小小並沒有因為遭到打擊就一蹶不振，天天抱怨命運不公。相反，她每天醒來都活力滿滿，將自己的小日子過得美滋滋的。清晨第一縷鮮嫩的陽光喚醒她的倦容，四時流轉的光影跳躍在她的指尖，西湖澈灩的水波蕩漾在她的心田，湖畔的淺草疏花迷醉了她的雙眼，深夜如水的月色陪伴她入眠。蘇小小心想：「世間還有那麼

多的好景色等著我去欣賞呢，我又幹嘛要執著於痛苦呢？」

世界以痛吻我，而我回報以歌。

蘇小小的可愛之處，就在於她在面對生命中的種種無法承受之重時，卻始終保持著一份難得的輕盈。小小將自己的房間佈置得幽雅精緻，迎湖開了一扇圓窗，西湖的朝雲暮雨便都被她盡收眼底。她給自己的小房間取了一個好聽的名字，叫作「鏡閣」，窗戶兩旁還掛了一副對聯，上面是蘇小小娟秀的字跡：「閉閣藏新月，開窗放野雲。」

這小樓裡藏的何止是月色和流雲啊，更有一個跌落人間的小仙女。正是因為蘇小小的存在，這西子湖畔才更添了幾分靈氣和仙氣。或許原生家庭條件優越的女孩子，在面對種種不如意的時候，會比別人多出一份底氣和勇氣。在很多很多的愛裡長大的蘇小小，內心就像住了一個小太陽一樣，既可以溫暖自己，也能夠照亮旁人。

當然了，除了內心的強大，物質條件也起了關鍵作用。雖然生活條件比不了過去在閨閣中做大小姐的時候，但父母留下的積蓄還是夠小小過一段時間的小資生活的。相比之下，同樣是美女兼才女，也同樣經歷了人生變故的魚玄機，卻只能流落煙花地，住著租金最便宜的房子，給妓院洗衣服賺生活費，而不是像蘇小小這樣，還能擇一處自己喜歡的小樓，當個閒雲野鶴悠游於湖光山色間。世界就是這麼殘忍現實，同樣是難過的時候，有錢的女孩可以品著昂貴的美酒，在微醺中對月垂淚，而貧窮女孩連哭的時間都沒有，因為還有一堆髒活累活等著她做。正是應了那句被說爛了的老話：錢不是萬能的，但沒有錢是萬萬不能的。

然而錢終有花光的一天。蘇小小過慣了優渥精緻的生活，並不知道精打細算過日子，所以爸媽留下的錢沒多久就用完了。蘇小姐看著越來越瘦的錢包，心裡有些慌了。都怪自己買化妝品和綾羅衣裙的時候眼睛都不眨，現在「剁手」是來不及了，之後的日子可咋過呢？現在擺在她面前的有兩條路：第一，嫁人，靠老公賺錢；第二，當歌伎，靠自己賺錢。

3

嫁個有錢人，是解決當下生計問題的好辦法。此時蘇小姐已經到了嫁人的年紀，雖然她身邊沒有催婚的七大姑八大姨，但作為一個美麗又有才情的單身女孩，蘇小小成了婚戀市場上的香餑餑，天天都有一撥撥的媒婆幫著各家少爺上門說親，幾乎要踏平了蘇小小家的門檻，但她一一謝絕了。

其實蘇小小身邊並不缺優質的單身男青年，畢竟當鮮花盛開的時候，蜂蝶自然就來了。多少帥哥才子、富家少爺聞訊而來，只為一睹佳人風采。錢塘的富二代們爭著給蘇小小送花送禮物，但是蘇小姐對於這些追求自己的男青年並沒有什麼興趣，她頂多和他們中腹有詩書的聊聊文學。談詞論賦可以，談戀愛結婚可沒門。蘇小小心想，不是本小姐喜歡的人，憑你再有錢再牛也沒用。

而且，或許蘇小小早就深諳一點：靠男人，不如靠自己。結婚生子，是一個女人一生最大的賭博，特別是當她要依附於所嫁之人的時候。既然有求於別人，那自己也要做出相應的犧牲，付

出相應的代價。或許這也是古代女子的命運大多十分悲慘的原因之一。當社會生產資料都掌握在男性手中時，女性便只能成為他們的附庸。沒有獨立生存、養活自己的能力，那就沒有話語權。他可以隨時瀟灑離開，你卻不能沒有他，只能一再卑微，一再退讓，低進了塵埃裡。

再者說來，蘇小小雖然長得乖巧可人，卻有著一顆放蕩不羈愛自由的心。她並不想和世間千千萬萬的女子一樣，早早地被禁錮在婚姻的圍城裡，更不想為了尋找一個經濟依靠而結婚。蘇小小心想：「我的人生我做主，要嫁人也得嫁給我最喜歡的人，不然還不如一輩子單身呢。」或許她的這種想法，放在現在看來並不新鮮，畢竟新時代的獨立女性們，已經把這當作自己的人生信條。但是在當時的社會，這是非常叛逆並且超前的。當所有女人都柔順妥帖、心甘情願地成為一個男人的附庸時，蘇小小卻固執地想要獨自美麗，擁有自由的靈魂，過自己理想的生活。

既然想要自由，那便只剩第二條路了，就是當歌伎。這歌伎和普通的妓女可不一樣，是賣藝不賣身的，說白了，歌伎就是歌舞女藝人，靠的是才情。不過當然了，明面上說不賣身，但既然是當藝人，免不了會周旋於各色男人身邊，捲入各種渾水之中，要想出淤泥而不染，是很難的。但蘇小小是個有原則有底線的女孩：首先，她絕不以出賣美色換取利益；其次，並不是所有人都有資格和蘇小小見面的，蘇家小樓只歡迎小小看得上的客人。

蘇小小每週都在自己的小樓裡舉辦文化沙龍，以詩會友，和各路文人雅士聊天品茗、吟詩作畫。一時間，錢塘的公子少爺們

都以能參加蘇小姐的詩詞派對為莫大的榮耀。能混入這個社交圈的，必須是真正懂得詩詞歌賦的風雅才子。那些庸俗的市井之流和土大款，一律都被拒之門外，就算砸再多銀子也沒戲。

這就有點類似於民國時期，林徽因舉辦的文藝沙龍。徐志摩、金岳霖、胡適等文化名流聚集於林徽因家的客廳，暢談文學藝術，談笑風生，好不風雅快活。也許有人覺得，蘇小小這一齣，和大唐才女魚玄機的「詩文候教」也挺相似的。實際上並不是。魚玄機是以切磋詩文為由釣男人，陪著她縱情聲色，放浪形骸。而蘇小小和那些文人才子，只是單純地談詞論賦。生活所迫，她墮落風塵，卻並沒有讓自己墮落。她懂得自尊自愛，所以來訪的客人也都很尊重蘇小小，只是遠遠欣賞，並不會褻玩。

人必自重而後人重之。

即便蘇小小有自己堅守的原則，但她成天和一幫男人在一塊玩，沒有老老實實地嫁人生子，還是會落下話柄，被那些滿口男女之大防的封建禮教衛道士在背地裡嚼舌根。風言風語傳到了蘇小小耳朵裡，有說她作為一個姑娘家行為太不檢點的，有說她打著談論詩詞的旗號勾引男人的。但蘇小小才不在乎呢：「本小姐喜歡怎樣就怎樣，你們管得著嗎？」

走自己的路，讓別人說去吧。

4

閒著沒事的時候，小小便出門蹓躂蹓躂，賞一賞西湖。西子

湖畔的好山好水真是看不盡啊，蘇小小甚至懷疑自己前世就是長在湖畔的一棵柳樹，今生化作人形，仍然對這片山水愛得深沉。

夏天的傍晚，小小就駕一葉小舟，搖著小槳采紅菱。秋天桂子飄香的時候，她便踏著月色去山中寺院，聞香尋桂子。到了冬天呢，怕冷的蘇小小就宅在自己的松柏小樓裡，讓賈姨支個火爐，一邊取暖，一邊烤紅薯吃。

冬天過去，便到了蘇小小最愛的春天。可是江南春天的雨最是纏綿不休，蘇小小就在自己的小樓裡聽了一夜又一夜淅淅瀝瀝的春雨。在家裡待了好些日子，悶得都快發黴了。小小百無聊賴地趴在窗前，心想這雨啥時候停呢，好想出去賞春啊。

現在我們女孩子，春天的時候總喜歡和姐妹外出踏青野餐，帶著一大包零食，打扮得漂漂亮亮的，在明媚的春光裡嘰嘰喳喳地聊八卦新聞，拍照片。這份少女心思之於千百年前的蘇小小也是一樣的。等到天氣終於放晴的時候，小小便請人做了一輛油壁車，帶著乳母外出春遊。蘇小小最喜歡這樣溫暖的天氣了，心情大好的她特意化了個美美的妝，穿上了美美的裙子。明媚的陽光照耀著她，更顯得佳人姿容勝雪、眉目如畫。

每當蘇小姐出街的時候，路邊總有行人忍不住偷偷看她，小聲討論著這個女孩怎麼這麼好看，是不是哪位女明星出街啊。我們的率性女孩蘇小小便大大方方地作詩回應道：

> 燕引鶯招柳夾途，章台直接到西湖。
>
> 春花秋月如相訪，家住西泠妾姓蘇。

當蘇小小在湖邊看風景的時候，看風景的人也在看她。這一道西子湖畔最為旖旎的風景，就這麼映入了一個騎著青驄馬的公子眼中。這位公子名叫阮郁，是一個名副其實的高富帥，他不僅長得玉樹臨風，身分也十分金貴，是當朝宰相之子。當時阮公子也正帶著僕人遊春，他的青驄馬踏過湖畔的落花，帶來了一路的花香，也帶來了甜甜的愛情。

蘇小小走下油壁車，她一抬眸，便注意到了不遠處橋上騎著馬的公子。這位大帥哥在來來往往的遊人中自帶光環，閃閃發光，想不注意到都難。而讓蘇小小心跳加快的是，她看見這位公子的目光，也正灼灼地向自己投來。

春風吹亂了她的頭髮，而眼前的公子攪亂了她的心。

一千多年前的少年和少女，在遇到愛情的時候，和今天的我們並沒有區別。他們和我們共用著明月春風，也共用著一份美好的感情。這種悸動綿延千年，從未磨滅。我能夠想像情竇初開的蘇小小，在見到心儀的男孩子時，有多麼開心激動，多麼想和這個男孩子相識、相知、相戀。蘇小小雖然是個瀟灑隨性的女孩，但在面對喜歡的人時，她還是有些害羞，蘇小小在帥哥熾熱的目光裡紅了臉頰，慌亂地躲進了油壁車裡。

5

這一晚蘇小小躺在床上輾轉難眠，她滿腦子都是白天看到的英俊公子。也不知道他是誰家公子，叫什麼名字，是不是單身，有沒

有喜歡的女孩，會不會主動來找她呢？天都快亮了的時候，蘇小小才在胡思亂想中潦草睡去。她做了一個美夢，夢裡她和昨日遇到的帥哥手拉著手在西湖邊上散步賞景，要多甜蜜有多甜蜜。第二天清早，蘇小小家門口響起了一陣敲門聲。被聲響吵醒的蘇小小有些生氣，她心想：「誰這麼不識趣啊，一大早打斷了本小姐的美夢。」然後她慢吞吞地披上外衣，半夢半醒中頂著兩隻熊貓眼去開門。

門打開了。熹微晨光裡，正站著她夢中的公子。

蘇小小瞪圓了眼睛，她以為自己還沒睡醒，一下愣在那裡。直到眼前的公子笑著開口道：「這位姑娘，你是在夢遊嗎？」

蘇小小回過神來，她突然意識到自己還沒化妝沒洗頭，一下又羞紅了臉。可是公子好像一點都不介意，他還是一臉笑意地看著蘇小小，溫柔的目光似乎能把人融化。蘇小小聞到了空氣中飄來一陣酸甜的香氣，想來那就是愛情的味道吧。

世間最幸運的事情，莫過於自己喜歡的人也喜歡自己。兩情相悅，是多麼美好的事啊！

這天下午，蘇小小便開開心心地和阮公子一起出去玩了。她沒想到，這個公子不僅長得帥，還腹有詩書，吟詩作對都不在話下。阮公子明明可以靠顏值吸引人，卻偏要靠才華，這讓同樣熱愛詩詞的蘇小小對他大有相見恨晚之感。兩個人就在堤邊柳下談天說地，恰是金風玉露一相逢，便勝卻人間無數。

才子和佳人，邂逅在醉人的春光裡。他們就跟每一對熱戀中的小情侶一樣，一起品嘗西湖龍井，一起去集市上買藕粉桂花糖糕，一起欣賞溫柔的月色，恨不得一天二十四小時都在一起。

沉醉在愛情裡的蘇小小，可用一首詩來形容。

妾乘油壁車，郎騎青驄馬。何處結同心，西陵松柏下。

一時間，追求蘇小小的公子少爺們全都失了戀，還被塞了一嘴「狗糧」。不過這一對璧人在一起的畫面可真是養眼，誰見了都忍不住給他們點個讚。

值得點讚的不僅僅是這段美好的愛情本身，更是蘇小小大膽表白心上人的瀟灑恣意。這就相當於男方還沒主動開口求婚呢，女方就已經表明了態度立場：此生定要與你永結同心。人人都說女孩子要矜持，要含蓄，要等著男人主動。但蘇小小才不想被那些世俗的條條框框束縛住呢，她就是要大大方方地說出對心上人的喜歡，她就是要全世界都知道，她蘇小小，真的超級喜歡阮公子。

在崇尚女子以含蓄為美的年代，女孩子對於自己內心愛恨悲歡的表達，大多都是很委婉克制的。而蘇小小如此直白地表露出自己對心上人的喜歡和對美好愛情的期待，足以見得她是活得多麼恣肆瀟脫的一個女孩子。千百年來，儒家的克己復禮和三綱五常始終束縛著人們的精神世界，而廣大女性更是被壓抑的一個群體。她們沉默千百年，情緒的流露永遠是婉轉內斂的，開心時是「媚眼含羞合」，傷心時是「深坐顰蛾眉」，可蘇小小是一抹活潑明豔的色彩，熱烈地瀟灑在淡妝素裹的西湖邊上。

6

　　然而個人的生命態度，從來就無法獨立於時代的大潮而存在。蘇小小再有個性，再有棱角，她都還是得面對封建禮教壘起的層層高牆。一個詩伎，天天和一幫男人打交道，就算她再怎麼潔身自好、堅守底線，人們也不會相信她是純潔的。墮入風塵，就已經背負著一種原罪。文人墨客們會去同情憐惜一個青樓女子，會寫下無數清詞麗句讚美歌頌她，但幾乎沒有人會八抬大轎把這個女子娶回家，真正地給她一個安穩無憂的未來。詩伎歌伎從來就是美麗而憂傷地活在文學詩詞裡，她們永遠不會老去，或者說，她們從來就無法以一個妻子的身分，進入一個男人的現實生活中，陪著他柴米油鹽、白頭到老。

　　蘇小小也不例外。

　　阮郁的老爸是當朝位高權重的宰相，他聽說自己的兒子天天和一個錢塘詩伎廝混在一起，氣得鬍子都歪了。他想：「我這個堂堂宰相的兒子，怎麼能和一個青樓女子談戀愛呢，真是敗壞家風。」於是他立刻寄出一封家書，催促兒子切莫貪歡溫柔鄉，及早啟程把家還。

　　阮郁雖然知道他老爸很不贊成自己和蘇小小之間的感情，但他實在太喜歡這個女孩子了。阮郁心想：「哪怕沒有老爸的祝福，我都要和小小在一起，今生今世絕不辜負她。」於是阮公子屢屢違抗父命，仍是遲遲不歸。阮老爺子在京城氣得要命，卻也無可奈何。畢竟錢塘離京城那麼遠，自己也是鞭長莫及，想管都管不了。

於是阮郁和蘇小小又做了一段時間的神仙眷侶。直到有一天，阮郁收到一封家書，阮老爺子在信中說自己病重，怕是命不久矣，要兒子快快回家盡孝。這可把阮郁急壞了，他只能暫時和蘇小小告別，走之前阮郁將她緊緊抱入懷中，對小小說道：「等我料理完家事，定會回來娶你。」

蘇小小哭成了個淚人，她當然不想和深愛的阮公子分別，可男朋友的老爸生病了，自己也不好挽留。於是蘇小小將阮公子送了一程又一程。送君千里，終須一別。那一天蘇小小在路邊站了很久很久，目送著阮郁離開，直到他變成道路盡頭的一個小黑點。

然而他們兩人都沒想到的是，這一別，竟是永別。

原來阮老爺子說自己病重，只是一個把兒子召回來的藉口。阮郁剛到家，就被鎖在府中禁足了。阮郁也掙扎反抗過，但胳膊到底擰不過大腿，最終他還是從了父母之命，娶了一個門當戶對的女孩子。阮郁這個人，從此就這麼消失在了蘇小小的生命裡。

或許不被父母看好的感情，的確很難善終。

而對此毫不知情的蘇小小，還是守著小樓等啊等。沒了阮公子的西湖，好像也不如往日那麼動人了。那一泓碧水，見證著多少愛情的來去。那段時間蘇小小和任何一個剛失戀的女孩子一樣，做什麼事都提不起勁。懶起畫蛾眉，弄妝梳洗遲。她徘徊在堤邊柳下，明晃晃的陽光裡，恍惚間又見那個鮮衣怒馬的公子。他的誓言，猶在耳畔，他溫暖的擁抱，似在昨日。可是寄出的書信都石沉大海，阮公子也始終沒有回來，小小心裡漸漸明白了，自己和這個人，終究是沒有緣分。

那又何苦「夜夜常留明月照，朝朝消受白雲磨」？她拿得起，也放得下。痛痛快快地愛過，就足夠了。既然無緣，那從此以後便一別兩寬，各生歡喜。

敬往事一杯酒，再愛也不回頭。

7

小小大醉了一場。第二天起來，她認真地梳洗打扮，穿上明豔的衣裙，又乘著油壁車出門遊山玩水了。她重新舉辦起了詩詞沙龍。一時間松柏小樓前又是寶馬香車絡繹不絕。沒了談情說愛的男朋友，還有談詞論賦的知己好友。小小很快收拾好心情，西子湖畔的小仙女，又回來了。

或許蘇小小這樣的女孩子，不應屬於任何人，她只屬於這西湖的良辰美景。世間的任何人和事，都不值得她為之執著，為之困頓。生命中的種種不得已，都可以被她輕巧地一筆帶過。她輕盈美好得如同一片花瓣，落入這塵世間，來感受清風，感受細雨，也感受烈日，感受冰霜。但她什麼都不帶走，也什麼都不計較，她似乎只是為了給人間留下一份美。她用情極深，卻不是戀愛腦；她單純天真，卻不是傻白甜。知世故而不世故，說的就是蘇小小這樣的女孩子吧。

秋風起時，西湖又是別樣的景致。蘇小小便乘著油壁車，想去賞一賞殘荷的風韻。行至湖畔，小小注意到有一個書生模樣的少年，正煢煢孑立於瑟瑟秋風中。這個少年穿得十分樸素，卻長

得一表人才，眉眼間甚至有幾分小小前男友阮郁的影子，只是這位帥哥似乎面帶愁容。

蘇小小心下一動。她上前打了個招呼：「不知公子為了何事煩憂？」

書生轉過身，一下被眼前上來搭話的蘇小小驚得說不出話來了。一時間他還以為是仙女降落人間，要在西湖沐浴。美女主動搭話，把這小書生緊張得臉都紅了，他支支吾吾了好久，終於說清了自己的情況。這個少年名叫鮑仁，雖然學習成績優秀，但因為家境貧窮，沒錢做路費上京參加科舉考試，所以鬱悶得不行，便在西湖邊上賞賞景散散心，想要暫遣愁緒。

說著說著，鮑仁的肚子發出了咕咕的叫聲。原來他為了攢路費趕考，天天省吃儉用，已經好久沒吃過一頓飽飯了。蘇小小心想：「我與阮公子已然錯過，但今天讓我遇見了這麼一個神似阮公子的少年，想來是上天安排的緣分，那麼我便幫他一把吧！」於是蘇小小對鮑仁說：「公子要是不嫌棄，就到我家來吃個便飯吧，順便我們切磋一下詩技，怎麼樣？」

仙女姐姐都開口了，鮑仁哪還有拒絕的道理呢？再說他咕咕叫的肚子，已經替他答應了蘇小小的美意。

兩人到了蘇小小家吃飽喝足後，便聊起了詩詞歌賦。不知是因為眼前的公子越看越像自己的前男友，勾起了蘇小小心底的柔情，還是因為他才華橫溢、出口成章，讓蘇小小頓生惜才之心，總之，小小當下決定：要助他一臂之力。此時蘇小小已經攢下了一筆錢，也算是個小富婆了。她拿出自己的一部分積蓄，準備資

助這個與她萍水相逢的書生上京趕考。

這不禁讓人驚訝並敬佩於蘇小小一介柔弱的江南小女子，居然能為一個素昧平生的人慷慨解囊，贈銀百兩。畢竟對一個女孩子來說，留著這錢，給自己置辦點衣服首飾化妝品，不香嗎？

但顯然蘇小小有著更大的格局。

她雖是江南小姑娘，卻有著一份豪爽俠氣和江湖義氣。千百年來，那麼多文壇大咖都爭著搶著將蘇小小寫進詩詞裡，或許是因為那些看似不可調和的對立面，卻可以如此相得益彰地存在於這個小女子身上。她婉約又豪氣，多情又瀟灑，滿足了那些束手束腳、拘謹認真的文人心中飄逸而輕靈的綺夢。

大詩人白居易曾寫道：「若解多情尋小小，綠楊深處是蘇家。」詩鬼李賀則表達了更加直白的讚賞：「天上分金鏡，人間望玉鉤。錢塘蘇小小，又值一年秋。」花間詞派的代表詩人溫庭筠也專門寫了一首《蘇小小歌》：「吳宮女兒腰似束，家在錢塘小江曲。一自檀郎逐便風，門前春水年年綠。」

她那樣讓人留戀，或許更是因為，她一生都很乾淨，沒有什麼風月之事，又死得太早，就像年少夭折的初戀，是白月光一般的存在。短暫早逝的人和事，最讓人戀戀不捨。

蘇小小本身就是一個夢，古今多少的文人墨客，在這夢中一晌貪歡，不願醒來。

不僅是文人喜歡蘇小小，達官權貴也以能夠和蘇小小見上一面為榮。當時的上江觀察使孟浪，早就聽說了楊柳深處藏著個美女兼才女蘇小小，便想一親芳澤。那時候朝廷雖然對官員的行事

作風管得沒那麼嚴，但官員專程登門拜訪一個詩伎，多少還是有些不合規矩。因此孟浪便派人去蘇小小家，想將她請到自己府上。

然而蘇小小偏偏不喜歡和那些俗人打交道。蘇小姐懶得搭理的人，任你名頭再大也沒用。孟浪專門派人去請，卻吃了個閉門羹，這可把孟大人氣壞了，他憤憤地想：「這小女子到底有啥能耐，居然敢跟老子這麼橫，我偏要見識一下。」孟大人三番五次地派人前往蘇家，但是全都無功而返，誰叫蘇小小的倔脾氣上來了呢。「本小姐說不見就是不見，天王老子來了我也不見！」這可徹底沒轍了，怎麼說孟浪也是父母官，總不能強行綁架民女吧。

其實這孟浪並非鄙俗之人，只是行事急躁粗魯了些。這孟大人平日也喜歡詩詞歌賦，也愛賞良辰美景，所以才想和蘇小小攀談一番。一轉眼就到了冬天，這天下了場大雪，雪後的西湖，可謂人間盛景。孟大人便興沖沖地帶著隨從到西子湖畔賞雪景。孟大人對於一直沒能得見的蘇小小，始終心有不甘。他想著這麼美的景色，若是有美人在側，那就更完美了，今天怎麼著都要把蘇小小這個小妮子給叫過來。

蘇小小實在被孟浪煩得受不了了，心想：「去就去唄，這光天化日的，孟大人還能吃了我不成？」見到蘇小小款款而來，孟浪一時因她的美貌怔住了。等他緩過神來，見蘇小小的神色間盡是不屑，連看都不看自己一眼，孟浪的暴脾氣就又上來了，開口道：「蘇小姐你不是有才嗎？那就應景作首詩讓我開開眼唄。這梅花開得正好，便以梅花為題吧。」

蘇小小冷冷一笑，只略略思考了一會兒，便朗聲吟道：

梅花雖傲骨，怎敢敵春寒？

若更分紅白，還須青眼看。

孟浪一聽，心中不禁暗暗讚歎：「好傢伙，這小女子果然不簡單啊。」他又是羞愧又是敬佩，便誠懇地向蘇小小道歉：「是我唐突了佳人，還望蘇小姐見諒。」

蘇小小不是愛鑽牛角尖的人，她見孟浪也是喜愛詩詞之人，便原諒了他之前的無禮。後來兩個人還成了不錯的朋友，一起賞賞景喝喝茶。孟浪自此對這個小女子更多了幾分敬重。

8

似乎是為了印證「紅顏薄命」這四個字，蘇小小的一生實在過於短暫。關於她的死，民間流傳著不同的說法。有說她寫詩得罪了縣令，被判入獄後不堪刑罰摧殘而亡；有說她因為之前為情所傷，所以鬱鬱而終。而我更願意相信，蘇小小是因為貪戀西湖雪景而著了風寒，不幸病逝。畢竟世間最讓她著迷的，便是西湖的一片旖旎山水了。

又或許，自古美人如名將，不許人間見白頭。絕代佳人從不會允許世人看見她老去的樣子。

當蘇小小躺在病榻上氣息奄奄之際，她把賈姨叫到床前，對她說：「小小別無他求，唯願死後葬在西泠，終究不負我對西湖山水的一片癡情。」

蘇小小就此香消玉殞。西子湖畔從此不再有佳人倩影。可是她的逝去，一點都不沉痛，她在人間留下的種種，連哀愁都是美麗的。那個眉間盡是春色的小仙女，只是安眠在了西泠橋畔，似乎等到開春回暖之際，她便會和那些沉睡了一整個冬天的花兒，一同悠然醒轉。

蘇小小只是住在錢塘的一個小女子，她的一生，並沒有發生能夠改變歷史走向的大事件。她的詩詞，也從未寫過黍離之悲、家國之痛。沒有沉重，沒有恢宏，只有輕盈靈動。然而這樣小而美的生命，同樣值得我們為之駐足，為之動容。史學家們把握住了歷史的大命脈，因此我們看多了王朝更迭，看多了翻雲覆雨，看多了王侯將相大悲大喜的面目，卻很少注意那些微小的生命個體。可是宏大之所以宏大，是因為有無數個微小疊加累積在一起。一個時代，一個社會，從來就是芸芸眾生組建起來的。

蘇小小已然逝去一千五百多年了，如今我來到西湖，走她曾走過的路，看她曾看過的風景。明月仍是當年的明月，西湖也是當年的西湖。它們始終緘默無言，可傾灑的月光和蕩漾的碧波，分明是要向我娓娓道來那個少女留下的一個個故事。恍然間，一輛油壁車匆匆從我眼前絕塵而去，風起簾動，好像又見她顧盼神飛，留給了我一個永遠甜美、永遠生動的莞爾一笑。

她墓前的楹聯大概是對她這一生最準確的總結了，正是：

湖山此地曾埋玉，風月其人可鑄金。

談戀愛不如搞事業

上官婉兒

永夜已深，宮中的燭火早就撤了。

掖庭內，六歲的上官婉兒看著她的母親熨燙完了最後一件衣服，結束了一天的勞作。那是一條繡著海棠紋樣的絲帛雲緞裙，是多麼柔軟、華美啊。婉兒小心翼翼地用手摸了摸，心裡升騰起無限的憧憬：「真好看啊，什麼時候我也能穿上這樣美麗的衣裙呢？」

這樣美麗的衣裙，婉兒本來也是能夠擁有的。

上官婉兒出身於名門世家，她的爺爺叫上官儀，是唐高宗時期的宰相，可謂一人之下，萬人之上。他的文筆還特別好，開創了「綺錯婉媚」的文風，辭藻那叫一個華麗，語言那叫一個優美。上官儀草擬的詔書，就像一篇篇散文詩，讀來十分賞心悅目。這種寫作風格深得皇家喜愛，所以上官儀成了宮廷的御用文人，也就相當於皇帝的祕書。唐高宗動不動就傳喚上官儀：「愛卿啊，來幫朕寫篇詔書。」「愛卿啊，來幫朕的文章潤潤色。」

這樣一位皇上身邊的大紅人，他的兒媳婦和孫女怎麼會流落

到掖庭幹活呢？

掖庭就是後宮，是皇帝的妃嬪居住的地方。這裡除了妃嬪，還有螻蟻一樣多不勝數的宮人。後宮是一架巨大而精密的儀器，而這些宮人就是類似螺絲釘的零件。他們看起來千篇一律，毫不起眼，卻各司其職，相互配合，確保了這架儀器的正常運轉，編織出一張繁複華麗的錦緞，流光溢彩，絢麗奪目。

可當一顆螺絲釘，也是真的好苦好累好卑微。上官婉兒原本不應該是在掖庭當一個工具人的命運。

禍起武后。

如果不是她，上官婉兒現在還在宰相府當著她的大小姐呢。婉兒的心裡產生了非常懵懂的恨。混混沌沌的恨，團成一小團藏在她的心底，不敢表現出來一點點。連恨都好卑微。那個傳說中鳳儀天下的女人，害得婉兒沒了爺爺，沒了爸爸，沒了安穩富足的生活。

都是因為她。恨死她了。

顯慶五年（660），唐高宗患風疾之症，之後逐漸加重，身體很虛弱，一看書就頭疼，一批閱奏章就眼花。堂堂的天子變成了個病懨懨的林黛玉，日常生活都費勁，那一大堆的國家大事誰來處理呢？

這時候武則天跳出來說：「放著我來。」

那時武則天已經憑藉著機智的頭腦和過人的手腕成為皇后。都是一國之母、人中之鳳了，可她還是不滿足。武則天看中的，是高宗的寶座。她半是請求半是命令地說：「皇上啊，你保重龍體

要緊，就讓臣妾為你分憂吧。」唐高宗不是不知道武后的野心，可是他也沒辦法與之抗衡，畢竟身體不允許啊。朝中之事，民生之事，再加上後宮之事，真是千頭萬緒，唐高宗實在無力招架，便不得不把事情都交給了武后處理。高宗心裡憋屈得要命：「朕貴為九五之尊，卻任由一個女人權傾朝野，這也太窩囊了吧。」

武則天本來就有坐擁大唐江山的野心，這下可有機會大展身手了。唐高宗眼看著武后的權力越來越大，膽子也越來越大。難道李家的天下，真的要落到一個小女子手裡嗎？唐高宗心裡越來越不安，總想找個理由廢除武則天的皇后之位。

機會終於來了。武則天引道士入宮，行厭勝之術的事，被一個宦官告發了。厭勝之術是一種巫術，類似於「畫個圈圈詛咒你」，在宮中是嚴厲禁止的。唐高宗得知後心中暗喜：「終於讓朕抓到把柄啦。」他想藉此把武則天廢為庶人，便祕密傳召他的心腹上官儀商量此事。上官儀很清楚皇上內心的小九九，於是順勢說道：「皇后太專橫了，還做出如此有違宮規之事，不廢掉真是天理難容。」高宗說：「愛卿說得太對了，那就有勞你幫朕起草廢后詔書吧。」

然而武則天也不是吃素的，她一得到消息，立刻去找高宗申辯。一看見武后氣勢洶洶而來的樣子，高宗就已經慫了，再加上武則天聲色俱厲一通說辭，高宗被頂得一句話都說不出來，像極了一隻瑟瑟發抖的小綿羊。武后問：「是皇上想廢了臣妾嗎？」高宗害怕武則天記恨自己，便連忙搖頭，把鍋甩給了別人：「老婆大人息怒啊，不關我的事，都是上官儀教我這麼做的。」

武則天一聽，心裡有數了。好你個上官儀，等著吧。沒過多久武后就無中生有，誣陷上官儀勾結被廢掉的太子李忠，圖謀造反，篡奪皇位。真是人在家中坐，鍋從天上來。倒楣的上官儀就這麼成了背鍋俠，甚至還牽連了他的兒子上官庭芝以及家中一眾男丁，全族男性都被下了大獄，很快便被處斬。家中女眷也跟著倒了楣，都被充入掖庭為官奴，服務於宮廷。氣派的宰相府，一夜之間家破人亡。

　　那時上官婉兒尚在襁褓，當她的母親鄭氏抱著她進宮時，婉兒仍然眨巴著她純真無邪的大眼睛。她還不知道，周遭的世界已經發生了翻天覆地的變化，自己從宰相家高貴的金枝玉葉，淪落成了一個身分低賤的小宮女。

　　地獄開局，不過如此。

2

　　難道是上天弄錯了嗎？鄭氏想起自己在懷孕時，曾做過一個夢，夢裡一個仙人給了她一桿秤，說道：「持此稱量天下士。」醒來後鄭氏心想：「我腹中的八成是個男孩，將來必能成棟樑之材。」結果沒想到生下了一個小女孩。鄭氏不禁有些懷疑，這小丫頭真能稱量天下才子嗎？

　　還沒等鄭氏思考清楚這個問題呢，家中就發生了變故。鄭氏怎麼也想不到，公公和丈夫相繼被處死，上官家就留下了婉兒這麼個獨苗，還只能跟著自己被發配至宮中為婢。她緊緊抱著懷中

的小小女嬰，將眼中的淚水憋了回去。哭，是最沒有用的。當前的任務是把孩子好好培養長大。前方的路，將會艱險重重。

而對婉兒來說，此時她仍是無憂的嬰孩。她只知母親的懷抱是那麼溫暖柔軟，讓她貪戀不已。那就在母親的懷裡再多賴一會兒吧。

小小的她一點一點成長起來，慢慢學會了走路，學會了說話。她的母親勞作之餘，最重要的事情就是教小婉兒讀書。鄭氏也是書香門第出身，有一定的文學修養和思想覺悟。她深知教育要從娃娃抓起，更何況婉兒天生聰慧，又是宰相之後，日後怎能屈居於小小宮婢之位呢。所以婉兒自小就在母親的指導下熟讀詩書，有吟詠之才。

隨著她慢慢長大，婉兒懂得了人事，她隱隱約約知道了自己的身世，也知道了父親和祖父的死因。婉兒心裡有了恨。

但是恨有什麼用？現在的自己就是一隻小螞蟻。小螞蟻恨人的腳踩爛了自己的家，踩死了自己的親人。可人甚至都不知道有一隻小螞蟻在恨著自己。人只會覺得可笑，一隻小螞蟻也配恨我？人只會在意來自另一個人對自己的恨，而不是來自一隻小螞蟻的恨。

那就要成為一個人，成為一個能和武后站在一起的人。婉兒是天生要強的性格，她小小的心裡，已經埋下了一顆日後要向上攀爬的種子。

「我必要出人頭地。」

值得慶幸的是，婉兒生在唐朝。風氣開明的盛世大唐，女性

的地位得到了顯著提升，教育也不再是王公貴族的專屬，普通宮女也有了接受教育的機會。宮中甚至開設了習藝館，也就是專門的宮女學校，教授她們詩詞歌賦、針線女紅、琴棋書畫，全面提升宮闈內部的文化素質，以便更好地服務於後宮妃嬪和王公貴族。學有所成的宮女，可以得到一官半職，成為大唐公務員。唐承隋制，設置有六局二十四司，二十四司的部門裡都有專門的女官負責皇室的膳食、衣衫、器具、首飾等等。

天資聰穎的婉兒也被選入了宮女學校，接受了嚴格的系統培訓。她是習藝館中最為出類拔萃的一名學生。此時的她，年僅十歲。當別的小朋友都還在父母懷裡撒嬌、和小夥伴玩著過家家時，婉兒已經過起了邊幹活邊學習的全封閉寄宿生活。

想像一下，一個十歲的小姑娘，在天還沒有亮的時候就起了床。她揉著惺忪的睡眼，乖乖地疊被子，乖乖地洗漱吃早飯，然後便開啟了忙碌的一天。她要灑掃庭除，要織布洗衣，要學習各種服務宮廷的技藝。而對婉兒來說，每天最重要的事，就是讀書。小小年紀的她就已經很清楚，知識就是力量，知識改變命運。所以婉兒勞作之餘，把全部閒置時間都用來看書寫字，誦讀詩詞。

雖然宮規森嚴，但宮女們也是有自由活動時間的。她們在勞作之餘，可以和平民女孩一樣，在落英繽紛裡盪鞦韆，在細細微風中蹴鞠，還可以一起鬥草、拋球。當別的小宮女盡興玩耍的時候，婉兒總是在認真學習。她不甘心一輩子做一個微不足道的小宮女，永遠只能低眉順眼，默默來去，在寂寂深宮中了卻一生。

讀書，可以幫助她從小螞蟻變成一個人，從機器裡的零件變成機器的操縱者。這是突破現狀的關鍵。

宰相家的後人，怎麼可以心甘情願地低進塵埃裡？要向上爬，向前衝，要一雪前恥，要揚眉吐氣。累，當然累。可是恨，也是真的恨。咬緊了牙關默默努力，只盼有朝一日擺脫當下的困境，在宮中混出個名堂。

她在深夜秉燭夜讀，時不時掐自己的手臂以驅走睡意；她在寒冬浣衣，十根手指被凍得通紅；她在紅葉上寫下自己創作的詩詞，讓它逐水而去；她看著宮牆內那一方小小的天，心裡卻盛著無限的希望。

她身軀柔弱，卻神色堅毅。

3

又是三年過去。穿過重重紅牆，越過雕梁畫壁，掖庭內，我們看見一個專注讀書的女孩子。她只是尋常的裝束，淡淡的妝容，卻是擋也擋不住的青春逼人，眉目如畫。這就是「嫋嫋婷婷十三餘，豆蔻梢頭二月初」的上官婉兒。因為自小溫書習字，婉兒在嬌俏之餘又添了一身的書卷氣。她的才情傳遍了掖庭，也傳入了武則天的耳中。

儀鳳二年（677），此時武后已經執掌了生殺予奪的大權，她聽說上官家的後人流落掖庭，卻天資出眾，便忍不住想見一見這個小姑娘。武則天派人傳喚上官婉兒，準備當場出題考考她的才

華。婉兒收到傳召的時候，心中五味雜陳。這一天終於到了。她環顧了一圈和其他宮女共住了十幾年的小房間，覺得它是那麼逼仄狹小。

她上官婉兒註定不屬於這裡。這一去，恐怕再也不會回來了。

此刻鳳座之上，是當年害得自己家破人亡的武后。可是又能怎麼辦呢，去和她拚個你死我活嗎？那就太衝動太愚蠢了。武后，是殺父仇人，卻也是未來的希望。若是得她賞識，日後定能在宮內佔得一席之地。

小小的拳頭在衣袖裡攥緊了，又鬆開。

婉兒咽下重重恨意，任憑內心波濤洶湧，表面上卻是無風也無浪。她認認真真地回答了武則天出的考題，神色從容，對答如流，出口成章，須臾而就的一首《奉和聖制立春日侍宴內殿出翦彩花應制》，讓武則天讚歎不已。

> 密葉因裁吐，新花逐翦舒。
>
> 攀條雖不謬，摘蕊詎知虛。
>
> 春至由來發，秋還未肯疏。
>
> 借問桃將李，相亂欲何如。

那些年讀過的書終於有了用武之地，那些年吃過的苦也總算沒有白吃。

這場面試，是改變婉兒人生命運的關鍵節點。而她超常發揮，順利得到了主考官的青睞。

武后在鳳座上頻頻點頭，很明顯，她對這個聰穎敏慧的可人兒非常喜歡。武后當場免去了上官婉兒的奴籍，還命她掌管宮中詔命。所謂掌管詔命，也就是傳達皇帝的命令，這意味著上官婉兒一躍而上，從微不足道的小宮女變成了武后的祕書。也是在這一年，唐高宗將她封為才人。唐高宗是否喜歡婉兒並不重要，成為他的嬪妃，很有可能是武則天的意思。為了給上官婉兒一個名分，武后便讓高宗將婉兒納入後宮，以便更好地為自己所用。

上官婉兒的逆襲之路，正式開始。

初入宮廷職場的她，仍是天真嫵媚的少女模樣。可是她的眼睛裡，卻已經透出了野心和欲望。這讓武后彷彿看見了年輕時的自己，她不禁對婉兒產生了相惜之情。雖然武后很清楚，上官婉兒對自己是有恨意的，可武則天就是喜歡馴服桀驁的烈馬。把仇人變作為自己所用的可塑之才，這才是本事。更何況，婉兒是那麼有才能，若是好好挖掘培養一番，必能助自己成就大事。

成大事者，又怎會斤斤計較私人恩怨呢？

而對上官婉兒來說，武則天是仇人，卻也是她的恩人和貴人，是改變她命運的關鍵人物。婉兒並不是忘記了痛與恨，可她知道恨是沒有用的，改變現狀才是當務之急。祖父和父親早就不在了，自己一直陷在仇恨中又能怎樣呢？縱使翻了案，為上官家洗脫了冤屈，已故的親人也永遠回不來了。那麼報仇雪恨呢？更是做夢。自己一個小小宮女，又如何與武后抗衡？

情緒這種東西，婉兒早就戒掉了。控制情緒是一場艱難的修煉，好在婉兒在掖庭時就已經學會了把怨懟、委屈、憤懣這些負

面情緒通通吞咽下，只露出一個無比標準、恭敬有加的微笑給這個世界。她時刻告訴自己，如今是武后讓她穿上了華美的衣裙，戴上了滿頭珠翠，甚至得到了平步青雲的機會。雖然這一切，都來得太遲了。不過還好，那麼多年的苦，總算沒有白吃。

「穩住。」她對自己說。

上官婉兒摸了摸身上柔軟的絲緞。她心裡很清楚的是，自己要的不止於此。她堅信終有一日，自己會和武后一樣，站在權力的制高點，翻手為雲，覆手為雨，把握住整個大唐的命脈，俯瞰這盛世江山。

4

她仍然盡心盡力地侍奉在武后身邊，但同時，她也開始暗暗地物色可以託付一生的人了。她現在的確得到了武后的欣賞，但誰能保證武后會一直庇佑自己呢？萬一武后哪天下台了，哪天不行了，婉兒難道要隨她而去嗎？當然不。婉兒要給自己留條後路，狡兔還有三窟呢。多一個靠山，就能多一條可選擇的路，多一層保護。

況且深宮寂寞，婉兒需要撫慰，來自男人的撫慰。

美麗聰慧的婉兒很快就搞定了武后的兒子李顯。她一邊對著李顯暗送秋波，一邊又在武后身前表現得忠貞不貳。不止如此，婉兒還搞定了武則天的姪子武三思。她是那麼嫵媚可人，又是只要一時的歡愉，不要名分，也不要責任，哪個男人拒絕得了呢？

婉兒心裡要的很簡單，一個靠山，一個能給她帶去實際利益的男人。武后的兒子和侄子都是未來有可能成為新君的人選，上官婉兒很聰明，形勢仍不明朗時，她絕不會把籌碼都押在一個人身上。雨露均霑，左右逢迎，這才是宮中生存之道。

　　上官婉兒演得很深情：「這些男人，我個個都喜歡。別說我是渣女，我也是身不由己。再說了，在宮中談什麼真愛真情？那些都是虛的。權勢和利益，才是永恆的。」

　　她的一顆心掰成了好幾瓣來用：學謀權弄術，學說話之道；一邊侍奉輔佐武后，一邊發展各方關係；一邊在李顯的懷裡千嬌百媚，一邊在武三思的身邊巧笑倩兮。職場新人上官婉兒迅速成長。從在夾縫中艱難地求生存，到面對多層關係游刃有餘，婉兒只用了短短幾年時間。

　　婉兒總是在黃昏時分駐足永巷，看一看夕陽。有時會有鳥兒飛進她的視野裡，帶來一層暮色，又消失在天際。然後夕陽漸漸暗下去，淡淡的月色浮上來。這時的永巷，只有零星的幾個宮人匆匆來去。暮色裡的這條路看起來格外長，格外寂寥。

　　可是婉兒唯有走下去。她的眼睛逐漸變得幽深，誰都看不清，那裡面又在醞釀著些什麼。

　　而這時的唐高宗仍是久病不愈，他知道自己再掙扎也沒用了，便想著乾脆放權給武后得了。武則天親政之後，對上官婉兒更是重用。被武后欣賞不已的婉兒，智商高有才能是一回事，更重要的是，婉兒擁有極高的情商。她為我們生動演繹了，在職場之中會說話是多麼重要。

就比如說，上官婉兒想要勸諫武則天廣開言路。她不像其他臣子那樣一上來就提建議，而是先拍了一通武則天的馬屁，大誇特誇武后是多麼賢明，簡直堪比千古明君堯舜禹。這一番「彩虹屁」把武則天哄得心裡樂開了花。然後上官婉兒又說到堯舜立華表的事，也就是上古時代，堯舜為了招來進諫善言的能人志士，豎立了旌旗和木牌，想向皇帝提建議的人可以在旌旗下暢所欲言，在木牌上寫下諫言，如此便能知曉民意，廣納賢才。這就是在暗暗地提議武后：「您既然如堯舜一般聖明，自然也會效仿他們的做法。」於是武則天開開心心地接受了婉兒的建議，採納民意。而且婉兒還因此更得武則天的喜歡，是武后心尖上的人。

在武后身邊待的時間越久，上官婉兒就越發現，武則天能夠執掌朝政，不是沒有道理的。武后的確心機深重，手段狠辣，又好惡無定，任用酷吏，可她也是真的為國為民著想。她勸課農桑，輕徭薄賦，又廣開言路，知人善用。婉兒日日侍奉在側，看著武后為國事而操勞，為了剪不斷理還亂的關係而煩憂。婉兒知道了身為女子在朝政中的身不由己，也慢慢懂得武后一步一步爬上這個位置是多麼不容易。曾經深入骨髓的恨，竟變淡了。

盡心盡力地為曾經的仇人服務，這的確有些荒誕。或許婉兒始終在忍辱負重，為成大事而委曲求全。或許婉兒有一點斯德哥爾摩綜合症，對加害自己家人的武后產生了情感依賴，生死被操控在武后手中，當武后允許她活下去，還對她大力提拔時，婉兒便不勝感激。又或許婉兒是被武后的人格魅力所征服，真心地對她產生了敬佩之情。一千多年前深宮中一個女子的內心真實想

法，誰能知道呢？

總之，婉兒用心地當著武后的貼身小助手，漸漸地，幾乎武則天所有的詔令，都是上官婉兒執筆。

又往前邁了一大步。

5

工作之餘，她也會回到年少時學習勞作的地方走一走。有小宮女在織布浣衣，在灑掃庭院。她們看見婉兒來，都紛紛對著婉兒恭敬地施了禮。婉兒好像又看見當年的小小的自己，一個人努力讀書到深夜，一臉不服輸的樣子。如今故地重遊，心境早就不同於往日。她已是當權者的心腹，武后身邊的大紅人。

這還不夠。和武則天一樣，婉兒的野心也是個無底洞。她仍然要得到更多，想要爬得更高。

花草又拉開了新一季的枯榮。天授元年（690），武則天正式稱帝。此後幾年，上官婉兒也隨之權勢日盛。她不再是僅僅替武后起草詔書的筆桿子了，而是有了參決政事的權力，正式加入了武后的智囊團。此時的上官婉兒，已經跟了武后十多年。她越來越會察言觀色、揣度聖意，深得武后信任。作為女皇的心腹，巴結上官婉兒的人絡繹不絕。她享受站在武則天身旁的感覺，也享受謀權弄術的快感。曾經的她，是掙扎在塵土裡的一隻小螞蟻。而如今，她高高在上，俯視群臣。

不過上官婉兒的職場之路也並不是一帆風順，她也有犯錯誤

惹領導生氣的時候。那一次武則天生了很大的氣，把她鍾愛的茶盞都摔碎了。婉兒也嚇壞了，跪在那裡一動也不敢動。她想到了最壞的結果，或許這次，難逃一死。也罷，上官婉兒早就該想到，在宮中走的每一步都是如履薄冰，祖父上官儀就是最好的先例。

既然選了這條路，那就該願賭服輸。

只是史書並未明確記載婉兒的罪尤。有人說，是婉兒與武后的男寵張昌宗關係曖昧，背著武后暗通款曲，甚至在宴席上眉來眼去，武后發覺之後盛怒不已，便想殺了上官婉兒。千百年前的宮闈祕事，總是難以昭然於天下。而婉兒私通武后男寵的可能性是很大的，雖然那時她已經勾搭上了太子李顯，但對婉兒來說，能讓自己快樂的男人，永遠不嫌多。聽起來像極了一個薄情的渣女，但這也並不是沒有道理。在深宮之中，哪有閒心說什麼真愛、什麼深情。野心和欲望才是生存下去的動力。武后的男寵張昌宗那麼風流倜儻，婉兒又年輕貌美，兩個人相互吸引也實屬正常。再者說，婉兒的內心是極度渴望和武則天一樣的。豢養了眾多男寵的武后，無形之中給上官婉兒做了榜樣。而且隨著武后給予了婉兒越來越大的權力，她便不由得有些飄了。武后擁有的，婉兒也想得到。

這下就鬧出了亂子。武后大發雷霆，我的男人你也敢染指？婉兒，膽大包天。男人，真是禍水。

不過還好，武則天生氣歸生氣，冷靜下來之後，她到底是捨不得忠心耿耿又聰慧知心的上官婉兒。畢竟若是處死婉兒，自己

可就失去了一條有力的臂膀啊。死罪可免，活罪難逃。要給她一個教訓，讓她長長記性。於是武后便賜了婉兒黥面之刑。

上官婉兒鬆了一口氣，渾身癱軟。罰就罰吧，只要活著，就有希望。

所謂黥面，就是在臉上刻字以示懲罰，有一點像刺青。比起什麼凌遲砍頭，黥面可以說是很輕的刑罰了。這個刑罰傷害性不大，侮辱性卻極強。因為懲罰的印記會跟隨人一生，相當於腦門上寫著「我有罪，我渾蛋」，犯罪者就像過街老鼠一樣，人人都會避之不及。

簡直要經歷一次社會性死亡。

被黥面的上官婉兒也很不開心。那時她還是個年輕的姑娘，很愛惜自己的容顏。況且宮廷也是個看臉的世界，對職場麗人婉兒來說，顏值是她往上爬的籌碼之一。婉兒皺著眉看著鏡子中的自己，煩惱不已。突然她靈機一動，想到了遮蓋疤痕的方法。婉兒用筆蘸取朱紅的顏料，在額上傷疤處描畫了一朵梅花，又貼上金箔以做裝飾。如此一來，不僅傷疤被完美遮蓋，眉間紅梅還襯得人又添嬌媚三分。

後宮中其他女子看見了，紛紛效仿，上官婉兒一下成了引領時尚潮流的美妝博主。宮女們如此追捧，恐怕不僅僅是因為喜歡這個妝容，更是因為她們崇拜婉兒這個人。宮婢出身，甚至還是罪臣之女，婉兒卻一步步地爬到了權力的中心，站在了尊貴無比、手握重權的女皇身側，為她所信任，所重用，所寵幸。真是羨殺了一眾宮人。

罰也罰了，這事就算過去了。武則天有的是容人之量，這件事並沒有讓她對婉兒產生太多芥蒂。因為武后心裡很清楚，陪自己尋歡作樂的男人可以有很多，但是能夠懂得自己心意、幫忙出謀劃策的，就只有上官婉兒一人。

流水的男寵，鐵打的婉兒。

人前，婉兒依舊風光無限。只是她心裡越來越明白，伴君如伴虎。再得武后信任，也該謹慎謹慎再謹慎，這次實在是自己大意了。之後婉兒更加千方百計地討武后歡心，更加用心地輔佐武后處理政事。武則天便給予了婉兒更大的權力，重要的詔書無一不是通過婉兒下達，奏章無一不經過婉兒批閱。

她甚至比之前更受寵更得勢了。

只是婉兒心裡也越來越清楚，孤注一擲地依附武后這棵大樹並不是明智之舉。一來武后年事已高，統領朝政只會越來越有心無力，隨時都有倒下的可能；二來各方勢力虎視眈眈，很有可能乘虛而入，江山傾覆、改朝換代都在彈指之間。隨著武則天的年紀越來越大，李唐復位的呼聲也越來越高。婉兒便和太子李顯走得更近了。靠美貌和身體謀求靠山，一步步上位，這也是婉兒的手段之一。在她看來，美貌，是她用來換得庇護和權力的籌碼。她利用別人，也利用自己。

後世有人說她又是包養小白臉男寵，又是勾引皇室子弟，簡

直是道德敗壞，毫無節操，淫亂宮闈，惑亂後宮。但對婉兒來說，得到了自己想要的，只這一刻，我開心滿足了，那就足夠。

後世之言，與我何干？

705年是不同尋常的一年。此時武則天已是八十一歲高齡，油盡燈枯的年紀，她卻仍然不想放手對大唐江山的統治。躺在長生殿的武后呼吸微弱，嘴裡還在喚婉兒扶她起來處理國事。

長生長生，歷代帝王都想要長生不老，可是又有誰能夠如願呢？婉兒看著氣息奄奄的武后，發覺她的皺紋是那麼深，面容是那麼枯槁。她老得好像只剩一層皺巴巴的皮了。她鬥了一輩子，謀算了一輩子，失去了很多，也得到了很多。她曾穿上龍袍，傲視群雄。她曾讓百官俯首，讓萬人稱臣，讓天下歸依，讓眾生景仰。可是如今，她就是一個可能都活不過今晚的垂暮老人。

婉兒心想，我也會有這麼一天嗎？她的心揪起來，說不清是什麼滋味。

躺在長生殿的武則天心中隱隱感覺不妙，她看見窗外天色陰沉，好像在醞釀著一場風暴。可是宮闈之內，看起來仍是萬事太平。風暴來臨前的海面總是格外平靜。皇子和大臣們仍是日日遞上請安的奏摺，也不知其中有誰是真的在祈求她安康，有誰在巴望著她死。

可是此時的武則天又能怎樣呢？自己十分信任重用的上官婉兒，心裡都別有圖謀，更何況他人？那麼自己的親生子女呢？算了吧。宮廷之中，哪有什麼親情。父慈子孝，兄友弟恭，那都是演給臣民看的。該搶奪權力的時候，絕不會手下留情。欲成大事

者，至親亦可殺。

風暴終究來了。這一年，擁護李唐宗室的一眾大臣發動神龍政變，武則天被迫退位，唐中宗李顯復辟。

當年武后趁唐高宗病弱之時，謀得大權。如今她無力把持朝政之際，也有人上演了同樣的戲碼，和當年如出一轍。

7

武后的大周朝只是短暫地存在了一下，便給李唐江山讓了位。雖說一朝天子一朝臣，但李顯並未對武后身邊的婉兒有太多介懷。因為上官婉兒早就打通了李顯這層關係，還在武后垮臺前提前轉舵，所以不但沒有被武后牽連，而且還被封為昭容。昭容位列正二品，相當於後宮中的尚書，地位僅次於皇后。婉兒跟著武則天的時候，雖然得寵，但並沒有得到過如此尊榮的封號。所以說被封為昭容，是婉兒職場路上一個很大的飛躍。這是她事業的巔峰時期，後世又稱上官婉兒為上官昭容和「女尚書」。

從一個灑掃庭除的小宮女到皇帝的妃子，從罪臣之女到手握重權的女官，逆天改命，也就只有她做到了。

這一年，上官婉兒四十一歲。對唐中宗李顯來說，四十一歲的婉兒，不再如年輕時嬌豔動人。但中宗仍然給了她極高的位分。大概是因為剛上位的李顯根基還不穩，他急切地想要拉攏上官婉兒這員前朝的大將，以助自己平衡各方虎視眈眈的勢力。武后雖然無力再把持朝政，但這並不意味著她的子女親族也會心甘

情願地臣服新主。時局動盪之際，各方勢力都蠢蠢欲動。新主上位，不服的人有的是，就比如武則天的女兒太平公主，太子李重俊，都自樹朋黨，爭奪權力。唐中宗心裡有些慌，這時候他就想到了用上官婉兒來平衡多方勢力。

不過是相互利用的關係罷了。

年過不惑，很多事情上官婉兒心裡都已一清二楚。自己無論是對於武后還是中宗，就是一枚棋子，是他們爭權奪利的工具。被人利用，聽起來好像有些心酸，但實際上，在宮中能被利用是一件好事，至少說明自己有能力、有價值。淪為棄子，那才是最可悲的。

或許有人要說，上官婉兒也太沒良心了，都說忠僕不事二主，她怎麼這麼快就做了新君的妃子？可是不要忘了，武則天曾是上官婉兒的仇人。婉兒是感激武后的知遇之恩，但滅族之仇，是永遠無法忘記的。跟著武后的時候，她做到了忠心耿耿，這就夠了。如今武后倒了，那也實在沒必要追隨舊主而去。對婉兒來說，自己還是要在宮中生存下去。不管當權者是武后還是唐中宗，婉兒首先要考慮的，是保全她自己。

被封為昭容的這一年，是婉兒最為揚眉吐氣的一年。武后倒臺，當年被誣陷的上官家終於沉冤得雪，死去的祖父和父親在黃泉得以瞑目，婉兒的母親也被封為沛國夫人。真是皆大歡喜。再走在永巷上，來往的宮人都對她無比恭敬，其他的嬪妃也紛紛前來道賀。婉兒覺得那天的夕陽格外美，那條街也格外熱鬧。

以前怎麼就沒發現呢？

8

中宗上位後並沒有得到實權，朝政大權掌握在了韋皇后手中。聰慧的婉兒也得到了韋皇后的欣賞和信任。不管誰是當權者，都不會拒絕一個能夠輔佐朝綱、雙商極高的大才女。婉兒此時不再是被動的狀態，應付起當下的局面來已是得心應手。但她並不急著加入宮廷鬥爭之中，她要過一段瀟灑快活的日子，做一做自己喜歡的事情。

婉兒喜歡什麼呢？自然是詩詞歌賦，讀書寫作了。這是她在政壇之外所開闢出的另一番天地。婉兒小時候在掖庭為宮婢時，總是偷摸看書，如今有條件了，婉兒便將鍾愛的書都一一收藏，多年下來竟藏書上萬。她對這些書非常珍視，為了防止產生蛀蟲，婉兒便用上好的香料日夜熏著書。百年之後，婉兒的書流落民間，仍舊是芳香撲鼻，完好無損。

每當婉兒在自己的藏書房待著的時候，她的心都會變得莫名地安穩平靜。書卷的冷香撲面而來，這裡是七情六欲的冷藏室，也是婉兒放鬆身心的休息室。她在外面是叱吒風雲的無冕女宰相，為了得到權力用盡心機，和朝野之中的人鬥得你死我活，但在這裡，她只是一個安安靜靜讀書的女子。

上官婉兒完美繼承了祖父上官儀的文學天賦，她將綺麗別致的文風發揚光大，一時間「上官體」風靡宮中，就跟她當年發明的梅花妝一樣，人人競相模仿。她就是當時大唐文壇的風向標，是文人士子追隨的偶像。婉兒還勸中宗設置昭文館，廣召學富五

車之士，並賜宴遊樂。昭文館中的學士負責為國家整理典籍，其中出了不少人才。

婉兒甚至獲得中宗允許，擁有了開府的權力，也就是說，她可以自行建造府邸，白天就在宮外辦公。在宮外築府，這可是集萬千寵愛於一身的太平公主才享有的權力。擁有了和公主同等的待遇，可以想像婉兒有多受當權者重視了。有了自己的地盤，那就自由多了。婉兒藉宣導文學為名，在府邸開展文化沙龍，邀請文人才子、達官顯貴，一同作詩唱和、談詞論賦。談笑有鴻儒，往來無白丁。

這就有點像魚玄機在咸宜觀詩文候教各方才子。同魚玄機一樣，婉兒也會和前來探討文學的男人尋歡作樂。和魚玄機不同的是，婉兒是這裡真正的主導者。作為皇帝皇后身邊的大紅人，前來拜訪的才子紛紛心甘情願地被婉兒「潛規則」。在自己的府中，婉兒關起門來當了回武則天。她的命令就是聖旨，前來拜訪的男人都是她的裙下之臣。

這麼多男人中，婉兒最喜歡一個叫崔湜的文藝青年。崔湜雖然在文學才能上並無過人之處，但勝在年紀小。他比婉兒年輕了好幾歲，長得也是玉樹臨風、英俊瀟灑。上官婉兒此時青春已逝，所以她喜歡崔湜的原因很簡單，就是看上了他的帥氣。並沒有所謂真情，也不是圖什麼結果，要的只是一時的快樂。

又是尋歡的一晚。風起簾動，燭火明明滅滅，婉兒的神情也似乎捉摸不定。她飲盡了杯中的酒，對著崔湜笑得很是嫵媚。婉兒不是不知道外界的流言。上官昭容淫亂後宮，夜夜風流，豔名

天下聞。

　無所謂。姐姐我就是喜歡帥弟弟。一晌貪歡，僅此而已。累了那麼多年，還不能在此刻放縱一下嗎？

9

　她情場得意，官場更得意。婉兒依舊發揮著自己見風使舵的本事，把牆頭草做得體面又真誠。韋后日漸權傾朝野時，婉兒便多次勸說韋皇后效仿武則天，行武后之舉，全國上下提倡孝道，免除百姓勞役，以此拉攏人心。她提議給中宗加尊號「應天」，給韋后加尊號「順天」，帝后同理朝政。婉兒還把自己的情夫之一武三思介紹給了韋后。一來婉兒想在新勢力中站穩腳跟，二來婉兒知道韋后也生性風流。既然自己有好東西，那當然要一起分享啦。

　但婉兒與韋后，也不過是塑膠姐妹花，虛假君臣情，只是因利而聚。到了景龍四年（710），唐中宗李顯突然駕崩，是韋后下毒所為。婉兒心中隱隱覺得不安，韋后若是連親夫都能狠心殺死，那日後對自己也不會手軟，畢竟自己也曾盡心輔佐過中宗。此時武后生前最寵愛的女兒太平公主權勢漸盛，婉兒便投靠了太平公主。

　只是婉兒曾經為韋后出謀劃策的事情早就盡人皆知，人人都道，上官婉兒和韋皇后是一夥的。

　一會兒唐中宗，一會兒韋后，一會兒太平公主。上官婉兒到底幫著誰呢？史書都無定論。宮廷風雲變幻無常，若是不變通，

不轉舵，不給自己留後路，那可能都活不過宮鬥劇的第三集。那些所謂忠心的臣子，只留下了忠心二字，卻留不住自己的一條命。

中宗一死，韋后更加肆無忌憚，權傾朝野，第二個武則天即將登基。眼看大唐江山就要落入韋后之手，上官婉兒和太平公主為了平衡勢力，一起起草了一份重要的遺詔：韋后為皇太后攝政。也就是說，原本要成為女皇的韋后，現在只能代行天子之政，可以輔佐皇太子，卻永無繼位的可能。這就引起了韋后一夥人的不滿，太平公主你管得也忒多了，還以為是你媽武則天當權的時候呢？擁護韋后的臣子建議，不如直接剷除太平公主及其黨羽，免得夜長夢多。

但是太平公主也不是吃素的，豈能人為刀俎，我為魚肉？我們李家的江山，還輪不到你一個外姓人來管。想學我媽武則天？做夢吧。太平公主決定先發制人，她聯絡了臨淄王李隆基，在這一年的六月二十日，李隆基發動了唐隆政變，他率禁軍入宮，殺死了韋后和安樂公主。

刀光劍影，燭火熒熒，照亮了夜色中的宮牆。

此時的上官婉兒心裡有些發慌，她雖然現在投靠了太平公主，但曾經她也深得韋后信任。若是被認定為韋后黨羽，那就完蛋了。她手中的救命稻草，就是和太平公主合謀草擬的詔書，或許這能幫她逃過一劫。婉兒為表清白，在李隆基到來之時，手捧蠟燭和詔書前去迎接。

可李隆基一見到婉兒，並不聽她分辯，也不顧周圍人的勸阻，就舉起手中寶刀將她斬於旗下。

大唐女宰相血濺宮牆。一代才女跌宕起伏的一生，就這麼戛然而止。這一年，她四十六歲。上官婉兒升職記，到此結束。但她逆天改命的傳奇事蹟，卻被世人傳頌了千年。

　　還是幾十年前，那個掖庭中偷偷讀書的小姑娘，在心裡默默地吶喊——

　　我命由我不由天。

景步航

薛　濤

（ ７ ６ ８ ？ － ８ ３ ２ / 唐 朝 ）

初代網紅的圈粉之路

1

在一千多年前的浣花溪畔，住著一個總是穿著一襲素色道袍的女子，她姓薛名濤，字洪度。

薛濤小姐的門前，總是種滿了鬱鬱蔥蔥的菖蒲。春夏之際，還有繁花盛開。鬱草繁花之間，卻有個素淡得不能再素淡的女子。她的臉上淡漠如水，好像世間再也沒有什麼事情能夠激起她心中的波瀾。她只是自顧自地打理著院中的花花草草，哪一朵花開敗了，哪一株草生了蟲，就是她每天唯一關心的事情。

有時她也會停下手中的活計，凝眸遠望，好像看到了什麼有趣的東西，可是那裡只有乾乾淨淨的一片天。或許也曾有風吹過，有飛鳥掠過，有流雲飄過，可這些都不會留下什麼痕跡。

空空如也，就好像薛小姐的心。

可是，明明她的心也曾裝滿了風花雪月、羅愁綺恨，也曾有過那麼多的惶惑、喜悅和不安。也曾有人走進過她的心，攪得她柔腸百結、攢眉千度。

只是所有這些，都像是上個世紀的事情了。

此時的薛小姐，遠離大唐的風月場和名利圈已經很久了，只一心過著恬淡安靜的生活，每天就是種種花、看看書。她已不在江湖，可江湖仍舊流傳著她的傳說。關於薛濤的故事，還是常常被人們提起，特別是她曾經的粉絲們。他們或是感慨歎息薛小姐和大文人元稹的一段情，或是津津樂道她創製的浣花箋，以及她曾寫下的風靡一時的詩。

　　說起這位薛小姐，當年可是聞名成都的大紅人。她作的詩總能爆火，她的八卦消息也屢屢登上蜀地的「熱搜」，引發「吃瓜群眾」的討論。古時候的詩就相當於我們現在的流行歌曲。寫出一首大熱的詩就像是突然唱火了一首《野狼disco》，街頭巷尾的三歲小孩都能哼兩句，知名度和流量也就立馬上去了。而薛濤最火的時候，隨隨便便發表一首詩就能引發街頭巷尾熱火朝天的傳誦，十萬以上的閱讀量是妥妥的。她也因此結識了很多文藝界的「大Ｖ」（公眾人物），薛小姐的朋友圈裡都是白居易、杜牧、劉禹錫這樣的大人物。他們互相詩文唱和，點讚評論，一起聊天喝茶，可謂「談笑有鴻儒，往來無白丁」。

　　可就是這樣一個在當時閃閃發光的女子，歷史典籍上關於她生平的記錄卻是寥寥無幾。她只能以微弱的光芒，在歷史深處忽明忽滅。開明的大唐盛世，的確賦予了女子綻放自我的舞臺，但當她們轟轟烈烈地盛開過後，只留下了幾縷抓不住的香氣。

　　歷史的墨筆，從來就不會為她們在正史上書寫太多。

　　正史上記下的，只有薛濤的生卒年份和籍貫、職業等等一些乾巴巴的個人資訊。「薛濤，字洪度，成都樂妓也。性辨惠，調翰

墨。居浣花裡，種菖蒲滿門。」這是元代文人辛文房所著的《唐才子傳》中對薛濤的記載，算是一條較為詳細可靠的來源了。可是這麼短的一句話，又怎麼能夠概括她瓊瑤劇女主般的一生呢？

浣花溪畔吹了一千多年的風，把她的愛恨悲歡都吹散了。

我只能撿起一些散落在歷史角落裡的碎片，去拼湊還原薛濤的一生。透過這些細小的碎片，彷彿能看見她低著頭在浣花箋上寫詩時微微抖動的睫毛，她深情凝望元公子時楚楚動人的眉眼，她彎著腰打理菖蒲時掠在耳後的髮絲。

我似乎能感受到，風裡仍有她的香氣。

2

那年長安的月色還很溫柔，月光透過閣樓上藕色的紗簾，輕輕地灑在這個被喚作薛濤的小姑娘身上。她睡得很香，嘴角有一絲甜甜的笑意，好像正在做著什麼好夢。似乎她這一生，都會如這好夢一般踏實、無憂、甜美、綺麗。

薛濤是家中獨女，全家人的寵愛都給了她，她就是吃著西瓜中間最甜的那一口長大的。寵愛歸寵愛，她老爸並沒有溺愛她。小薛濤的老爸名叫薛鄖，在朝中做官，雖然官位不高，但薛老爺那一肚子墨水也足夠教一教他的小女兒讀書寫詩了。薛家雖不是大富大貴，但也算是中上階層的小康家庭。而且薛老爺的教育理念就是，要在精神上富養女兒。物質上雖然給不了最好的，但一定要讓女兒擁有豐富充實的精神世界。所以薛老爺從薛濤小時候

起就給她制訂了嚴格的學習計畫，每天根據時間表學詩詞學音律學辭令。

值得一提的是，薛濤是有字的，叫作洪度。可別小看這個「字」，古代有名有字的女子非常少，在先秦時代，只有貴族女子才有字。就連林黛玉這樣出身於鐘鳴鼎食之家的女孩子，都是在進了賈府後，才被愛重她的寶哥哥取了字「顰顰」。所以說，薛濤小小年紀就被取了這麼氣度不凡的名和字，可見她老爸對她寄予了厚望。

薛老爺看著粉雕玉琢的小女兒一日日長大，越看心裡越歡喜，不去朝中上班的時候，就和女兒聊聊天逗逗樂。薛濤八九歲時，父女倆在庭院裡的梧桐樹下乘涼。文人嘛，看見點啥都要作句詩記錄一下抒發一下，而且這不是當著女兒的面嘛，薛老爺就想展示一下自己的作詩功夫。於是他搖著蒲扇慢悠悠吟誦道：「庭除一古桐，聳幹入雲中。」

說實話吧，這一句詩，實在是可以用「平平無奇」四個字來評價。而他這句詩之所以能為後人所知曉，其實是因為沾了他女兒的光。小薛濤只是略略思考了一會兒，就奶聲奶氣地接上了她爹的詩：「枝迎南北鳥，葉送往來風。」薛老爺乍一聽，心說妙啊，這句詩不僅對仗工整，還雋永別致，我閨女小小年紀就有如此才氣，長大了還了得？薛老爺喜笑顏開。但樂著樂著，他臉色就變有點不好看了，這迎南送北的，說的不就是風塵女子嗎？難道我女兒日後會墮入風塵？古人說話老有各種忌諱，最怕就是說了什麼不祥之語，之後會一語成讖。

薛老爺嚇得一把抱起了小薛濤，哎喲我的寶貝閨女啊，你這是瞎說啥呢？呸呸呸，這小烏鴉嘴。

薛老爺的心在那一刻簡直漏跳了一拍，在那一瞬，他恍惚看見了自己捧在手心的女兒，變成了風中搖擺的枝葉。

3

然而越怕什麼，就越來什麼。薛小姐十四歲那年，也就是快到及笄之年，本來應該是嫁人的年紀了，但薛老爺還沒來得及給女兒擇個好夫家，自己就先犯事了。薛郎這老爺子是個直腸子，仗義執言，有啥說啥，一個不小心，就得罪了朝中權貴，直接被貶到了蜀地。

那時候的蜀地還不是現在這樣吃火鍋、看熊貓和打麻將的神仙寶地，而是讓詩仙李白都感歎「蜀道之難，難於上青天」的偏遠山區。大詩人劉禹錫也曾喟歎道：「巴山楚水淒涼地，二十三年棄置身。」

貶謫，是古代官員的專享懲罰，歷朝歷代很多名人都被貶過官。好像在做官的時候不被貶一下，這仕途都不算完整。就比如大文豪蘇軾，一生不是在被貶謫，就是在去往被貶謫之地的路上。生性豁達樂觀的蘇東坡，在詩中把貶官這個懲罰大大地「美化」了。他被貶黃州時，感歎「長江繞郭知魚美，好竹連山覺筍香」，被貶惠州時，又感慨「日啖荔枝三百顆，不辭長作嶺南人」。這就讓後人覺得，貶官就是去個沒那麼繁華的地方待一待，

嘗嘗那裡的美食，感受感受當地的風土人情，就像旅遊一樣，說不準還挺開心的。

實際上並非如此。貶官對官員們來說，是對肉體和精神的雙重折磨。古人覺得只有中原才是宜居之地，而那些遠離中原的地區，都是還沒被開發的蠻荒之地，條件不好，交通不便，去了很有可能吃不慣、住不慣，水土不服。也就只有蘇軾，才能苦中作樂，自我慰藉。被貶的官員從朝堂下來，連家都不能回，就被官差押著出城，向貶地奔行。一來這是對個人事業的重大打擊，二來這是件非常丟人的事。而且，一人犯事，很有可能會牽連家人。就像薛鄖，一人被貶，全家遭殃，一家老小都得跟著受罪。匆匆忙忙收拾幾件衣服，就得上路了。

薛小姐的幸福生活戛然而止。想像一下，一個平時出門都要叫個滴滴專車的嬌小姐，如今卻被要求每天在風吹日曬下暴走。一直被保護得很好的薛濤，現在切身體會到了現實殘酷又無奈的一面，帶院子的房子沒得住了，名牌的鞋子和衣服也沒得穿了，就連最愛的紅寶石簪子都被扣在府中帶不走了。

偷偷藏在口袋裡的一盒胭脂，是她最後的驕傲和掙扎。

薛小姐天天都眼淚汪汪的，覺得委屈極了。但看著行進途中日漸蒼老羸弱的父親，她收起了想要撒嬌任性的心。小姑娘在崎嶇的道路上深一腳淺一腳走著，累得已經沒力氣再哭了。她開始後悔自己平日光賴在閨房裡吟詩作對研究音樂了，鍛鍊健身啥的，是一點都沒有提上日程。這平時八百米都跑不下來，現在一上來就是長途拉練，誰受得了？每天超負荷的運動量，給了薛小

姐巨大的折磨。這不只是肉體上的折磨，心境上的落差也讓她無所適從。回想起幾天前還在自己的小房間裡品茶讀書，還嫌家裡幫傭做的糕點太甜，吃了會發胖，現在卻是連口水都喝不上，薛小姐的鼻子又是一酸。

經過長途跋涉終於到了蜀地，薛濤這柔柔弱弱一個小姑娘，被折騰得夠嗆。薛老爺經過這一路顛簸，一把老骨頭也快被顛散了。他想著自己被降了官職，前途一片茫然，還牽連了家人，一直很鬱悶，身體也大不如前了。為了自己的家人能在這異鄉過得好些，薛老爺是拚了老命工作。日子過得雖然比不上在京城滋潤，但好歹維持一家人的溫飽還是沒有問題的。

可這安穩日子也沒過多久，薛郿某天突然接到朝廷派的任務：出使南詔國。代表本國的門面，出使別的國家，聽起來還挺風光，而且也不會有什麼生命危險，畢竟又不是上陣殺敵，也不是戍守邊關。然而實際上，這個差事並不輕鬆。這一趟，甚至讓薛老爺子把命都搭上了。

南詔國地處雲南一帶，氣候濕熱，濕熱之地多叢林，叢林之中多瘴氣，能讓人中毒。那時候沒有飛機高鐵，薛老爺子只能親自跋山涉水穿過森林。他這積勞積鬱的身子骨，到底是沒扛住雲南瘴氣的侵襲，不慎染病。加上行路途中又沒有醫生診治，又不能好好休養，沒多久就不治身亡了。

薛濤和她媽這一對孤兒寡母，留守在蜀地。當她們聽到這個噩耗時，哭得昏天黑地，不僅為了客死異鄉的至親哭泣，也為了娘倆今後茫然無望的未來哭泣。薛老爺這一走，家裡的主心骨就

沒了，薛家的寒冬是真的到來了。逝者已逝，可生者還得堅強地活下去。薛小姐和母親在人生地不熟的蜀地瑟瑟發抖，孤苦無依的她們只能抱團取暖。對曾經錦衣玉食的她們來說，如何生存下去成了眼前的一個大難題。

薛小姐這時候已經十五歲了，按照古代的標準，她是個成年的大姑娘了。這個年紀要麼嫁人，要麼自謀生路，想啃老是沒戲，畢竟家裡再也沒有能掙錢的老爸了。

4

要不，靠自己賺錢？

其實在風氣開明的唐代，女性是可以進入職場的。唐代的職業女性大多選擇從事餐飲服務業和手工紡織業。李白的「胡姬貌如花，當壚笑春風」說的就是唐代當壚賣酒的一位胡人女子。但這做生意吧，首先要有本金，破產小資女薛濤現在窮得叮噹響，擺攤都擺不起。最重要的是，她作為罪臣之女，人身自由受到極大的限制。想來想去，她唯一一條出路就是加入樂籍，雖然是在社會的最底層，但好歹可以用自己的美貌、音樂特長和文學功底混口飯吃。

古代入了樂籍的人，被稱作樂妓，這跟我們現在唱歌跳舞出道的藝人可不一樣。樂妓和歌伎是專供有錢人取樂的，說難聽點，她們就像是商品一樣。混得好，那會成為人人追捧的明星產品；混得不好，那就只能被冷落在貨架的角落裡慢慢積灰。

古代等級森嚴，就連妓女都有三六九等之分。服務於皇室的叫作宮妓，服務於軍隊的叫作營妓，服務於地方官員的叫作官妓，被達官貴人養在家裡的叫作家妓，服務於老百姓的，叫作民妓。薛濤作為曾經大戶人家的小姐，而且琴棋書畫樣樣精通，她的起點就要高一些，當上了官妓，入了樂籍。所謂入了樂籍，也就是正式進入編制之內，國家會管一口飯吃，好歹不至於餓死，也算是個鐵飯碗了。

　　但不管怎麼說，都是妓女，都要以才色事人，而且還是形形色色的男人。驕傲尊嚴什麼的，暫時就先放一放吧。畢竟此時也容不得薛小姐多想了，她只能放下大小姐的驕矜，在一個靜謐無風的尋常午後，跟過去的自己好好道了個別。

　　父親手心裡的小公主，變成了迎來送往的樂妓，薛濤內心的掙扎，我們無法感同身受，卻也可以猜得一二。幼時隨口的一句「枝迎南北鳥，葉送往來風」，竟一語成讖了。

　　此時此刻，薛濤小姐深深懷疑自己那年張口作詩的時候，頭頂飛過了一隻烏鴉。本來以為自己作為官二代白富美，是有偶像劇女主光環的，談個甜甜的戀愛，嫁個門當戶對的老公，一輩子沒啥可愁的。誰能想到自己手一抖誤拿了那個最慘的劇本。家被抄了，老爸去世了，自己還不得已墮入了風塵。薛小姐隱隱感到，有一隻命運的大手，將小小的自己攥在其中，她的掙扎反抗都是徒勞。彷彿自己就是史上最慘女主角，還沒綻放就要枯萎了。然而在大環境的風雲變幻下，一個小小女兒家的身不由己和悲傷無奈，是不值得被歷史提起隻言片語的。

可是後來，薛濤這個名字，卻像一片柔軟芬芳的花瓣，輕輕地落在了很多人的心上。那麼多的才子文人為她寫詩，為她揮灑筆墨。唐朝詩人王建寫下《寄蜀中薛濤校書》：

萬里橋邊女校書，枇杷花裡閉門居。
掃眉才子知多少，管領春風總不如。

薛濤的舊情人元稹也感慨：「言語巧偷鸚鵡舌，文章分得鳳凰毛。」

這個女子之所以能被人念念不忘，恐怕不僅僅是因為她的絕世才情，還因為她即便拿到了一手爛牌，也認真地將牌理好，盡力地用好看的姿態活出了一生。或許這得益於她曾經讀過的詩詞書卷，以及她在書裡學到的大智慧，無形之中給了柔弱的她強大的心理支撐和精神支柱。

薛小姐入了樂籍後，便開始了自己的樂妓生涯。世人將這樣高端的職業女性叫作青樓女子。

唐朝的青樓妓業是非常繁榮的，行業規模極為龐大。歐陽炯的《花間集敘》中就提到，「家家之香徑春風，寧尋越豔；處處之紅樓夜月，自鎖嫦娥」。說的就是唐朝花街柳巷之多，可謂滿樓紅袖招。這行業雖然上不了檯面，但入行門檻還是有的。首先顏值要過關，長得歪瓜裂棗的一律排除在外，別砸了這青樓的招牌。入了行也有職業鄙視鏈，妓女和妓女之間還是有些細微差別的。長相過得去卻沒有內涵的庸脂俗粉，多存在於普通妓院中，主要

服務中下層階級。她們單純地出賣色相，說難聽點就是幫客人解決生理需求的。

而樂坊的妓女，層次就明顯高多了。畢竟來樂坊尋歡作樂的，大多是文化底蘊和社會地位都比較高的官員，對這煙花女子的要求自然也比較高。樂妓類似於歌舞女藝人，一般是有特長傍身的，琴棋書畫中總得佔一兩樣。樂坊中最受歡迎的便是美貌與智慧並存、詩詞與音律兼通的才女。她們有著高於普通女子的見識和才學，可以陪這些官員談談詩詞聊聊人生，滿足一下他們的精神需求。

相比起一上來就脫掉衣衫玉體橫陳的賣笑女，有品味的恩客們更愛猶抱琵琶半遮面、一曲菱歌撩人心的風雅佳人。若是有能和自己談詞論賦、把酒言歡以慰平生的紅顏知己，那就更好不過了。

薛濤就是這樣的紅顏。她雖然稱不上令眾生驚豔的絕代佳人，卻也算是個七分美女吧。最重要的是她腹有詩書氣自華，絕不是那種美則美矣，卻毫無靈魂的木頭美人。她通曉音律和詩詞，這在各界官員眼裡可是妥妥的加分項，可以說是門面兼實力擔當。薛濤的芳名，很快就在文人才子和高官政客的圈子裡流傳開來。這些男人，有的對薛濤動了真心，有的只是逢場作戲，有的將她當作陪在身邊溫柔的慰藉，有的把她當作填詞作賦靈感的來源。但是薛濤知道，自己對這些不缺錢不缺女人的男人來說，很有可能只是他們魚塘裡養的一條魚。所以薛濤這些年來一直沒有動過心，此時的她只是一心一意搞事業。

當樂妓，是薛小姐的無奈之舉，但也是她廣交人脈以提高自身知名度的一個跳板。雖然之前巨大的痛苦使薛小姐活生生地脫下了好幾層皮，但她已經從接二連三的打擊中慢慢緩過來了。

那些沒殺死她的，都使她變得更加強大。

5

薛濤現在心裡很清楚，就算在人人所不齒的風月場中，她也得混出個人樣。首先要擺正心態，把當樂妓這事當作一項工作認真地去做，別帶有小情緒，哄好金主才是最重要的。於是她不僅充分發揮自己的特長，寫詩作賦，讓自己有了拿得出手的代表作，還將氣質磨煉得出塵脫俗，琴棋書畫傍身，並且絕不主動獻媚討好那些男人。

她就像淤泥裡開出的一朵碧玉色的荷花，周遭越是污穢，她就越是要脫俗。

薛小姐現在裝備精良，擁有美貌、智慧、才學、個人特色，以及一顆強大的內心，這使得她在大唐的文藝圈裡一路打怪升級，迅速成長起來。很快薛小姐就被邀請出入於各種高端酒局中。她抓住了每次展露頭臉的機會，在宴會上吟詩作賦，妙語連珠，大放光彩，收穫了一撥又一撥的粉絲。

這種群英薈萃的宴會是獲得人脈資源的最佳場合。薛小姐在此喜提了許多文壇大腕的欣賞，比如白居易、劉禹錫、杜牧等大詩人，都拜倒在了薛小姐的石榴裙下，成了她的座上客。此時薛

濤可以說是成功混入了大唐文藝圈的金字塔頂尖。

畢竟她是那麼美麗動人。她低頭作詩時垂落的髮絲，輕撫琴弦時纖細的玉指，吟誦辭賦時生動的眉眼。這樣有魅力的女子，誰能不喜歡不欣賞呢？想要薛小姐聯繫方式的人從蜀地排到了長安城。她和一眾才子交好，坊間便流言四起，動不動就傳出她和某個詩人、某個高官的緋聞。

但薛濤始終是波瀾不驚的樣子，每次有八卦小記者問她，薛小姐都只是淺淺一笑說道，我們只是朋友啦。

薛濤此時仍然是樂籍，這個尷尬的身分讓她始終無法成為真正的上流人士。但她的美貌和才華，帶動的流量和熱度，讓她成為「大唐第一女網紅」。薛濤雖然沒有什麼社會地位，但隨隨便便發表一首詩就能引發街頭巷尾熱火朝天的討論，還擁有一批固定的粉絲瘋狂追捧。如果古代也有互聯網，那麼薛濤一定是百萬粉絲級別的大網紅。

薛小姐現在也算是名利雙收了。能從一個普通樂妓混成這樣知名的網紅，大多數女孩子也差不多該滿足了。但薛濤心裡看得明白，做網紅終究是個野路子，沒靠山日後還是會混得很艱難。白香山他們這幫人只是看在我年輕好看又有才的份上，帶我一塊玩，哪天玩膩了，說散也就散了。不行，我還是得想個出路。

這個機會很快就來了。

貞元年間，蜀地新上任了一位劍南西川節度使，叫作韋皋，這個職位就相當於四川省的一把手。韋皋是個很不簡單的人物，他是朝廷大員，這些年東征西討，立下了赫赫戰功。韋皋字城

武，在當時是像金城武一樣受歡迎的國民男神。只不過這位男神上了點年紀，已經四十歲了，對薛小姐來說，可以稱他一聲大叔。韋皋雖是一員武將，但他的日常愛好並不是舞刀弄劍，而是吟詩作對。所以不打仗的時候，他就喜歡舉辦文藝派對，邀請各路文人墨客，一同填詞作賦，研究音律。

人們只知道韋大人身居高位，叱吒風雲，卻不知道他也是高處不勝寒，每一步都走得如履薄冰。官場中那麼多的權謀和算計，為了功名，為了利祿，他的精神時刻緊繃著。只有詩詞歌賦是毫無功利性的，吟唱著清風明月、流風迴雪，讓人靜心寧神，徹底地放鬆。而吟誦詩賦的美麗女子，更是讓人身心俱弛。

那一場宴會中，薛濤也侍奉在側。韋大叔也早就聽說了薛小姐的才情，於是點名要求她即興賦詩一首。薛濤也算是見過大場面的人了，心想這作詩還不是分分鐘的事嗎，本小姐八九歲就會了。於是她提筆而就《謁巫山廟》。

> 朝朝夜夜陽臺下，為雨為雲楚國亡。
> 惆悵廟前多少柳，春來空鬥畫眉長。

韋皋聽後，心中一動。他活到了這把年紀，什麼大風大浪都經歷過了，什麼明眸皓齒的佳人也都見識過了，一顆心已經被磨出了厚厚的老繭，有一點百毒不侵的意味。可是此刻，他被薛小姐打動了。

世人總是一廂情願地把韋皋和薛濤之間的感情定義為愛情，

這實在有些簡單粗暴了。

這種情愫，很是微妙，談不上是愛情，卻絕對超越了欣賞之情。四十歲的男人，不會再像十七八歲的少年那樣，輕易地怦然心動，陷入戀愛中了。韋皋被薛濤勾起的，大約是憐惜之情。透過她的詩，韋皋彷彿看見了薛小姐的無奈和惆悵。而這種惆悵，不是悲苦沉痛的，而是詩意的，楚楚動人的，惹人憐愛的。

中年男人的憐惜之心，最是要命。此刻韋皋眼裡，只有薛濤了。宴會上的其他鶯鶯燕燕，一下全成了擺設。

他當機立斷，將薛小姐接入自己府中。

6

薛濤一下就有了一個強大的靠山。

平時她的任務就是侍奉宴會，作詩助興。日子久了，她又輔助韋皋做起了案牘工作，紅袖添香於其左右。說白了，薛濤從四處商演的歌舞藝人，變身成在固定場所辦公的祕書。韋皋看著身旁認真整理文件的薛小姐，突發奇想，想封她為「校書郎」。

「校書郎」是一個正兒八經的官位，主要負責公文撰寫和典校藏書，雖然官階僅為從九品，但這項工作的門檻很高。按規定，只有進士出身的人才有資格擔當這個官職，大詩人白居易、王昌齡、李商隱、杜牧等都是從這個職位上做起的，不過歷史上還從來沒有哪一個女子擔任過「校書郎」。

如今不知是韋皋一時興起，還是他真的很看重薛濤，便想賜

她這個封號。後來因為舊例過於嚴格，並沒能實現，不過薛濤「女校書」的名號就這麼叫上了。

漸漸地，薛祕書與出入韋府的各界官員文人有些交往過密了。平時巴結討好韋大將軍的人，時不時就往府上送送禮。因為韋皋位高權重，不是想見就能見的，所以禮物都是先到了薛祕書手裡，再由她轉交。

薛小姐是個明達事理的人，不會為了貪圖蠅頭微利而失去金主的信任，所以她很聰明地將這些禮物全部上交給了韋皋。但韋皋還是覺得薛小姐和那些人走得太近了，竟然發了大火。一方面，薛濤現在人紅了，不免有些飄，金主的事她插手得有些多了，韋皋就感到自己的權威受到了冒犯；另一方面，韋皋權力大脾氣也大，有點不順心就要發火，於是他大手一揮，下令把薛濤放逐到了松州。

松州是什麼地方？安史之亂之後，松州被吐蕃所佔據，完全還是戰時蠻荒蒼涼的樣子。這時候是貞元十六年（800）的臘月，駐紮在這兒的都是邊地官兵，娛樂活動就是喝酒划拳。薛濤那套陽春白雪，放這兒就是來搞笑的。

初來乍到的薛小姐對大家說道，今晚夜色甚好，我給各位爺賦詩一首助助興吧。士兵們立馬大聲吆喝，有啥好的，大晚上的冷都冷死了。美女你也別寫詩了，來來來，陪咱們大夥喝喝酒，再給我們跳個舞樂和一下。

薛濤心底一涼，絕望地想道，從前在樂坊的時候，面對一堆形形色色的男人，就已經夠慘的了，但誰能想到人生沒有最慘，

只有更慘呢。現在想來，當時和那些官員吟詩作對的日子，簡直就是天堂啊。韋大人也太狠了吧，把我放到這麼一個鳥不拉屎的地方，陪著這麼一群粗魯的傢伙，該怎麼活下去呢？不行，我必須回大帥府，繼續做我的女校書。

不要忘了，薛小姐是一個混跡各類社交圈多年的文藝女青年，情商可高得很，她自然有她的手段回到大帥府。薛濤沒有像市井婦人一樣一哭二鬧三上吊，因為她很清楚，大哭大鬧只會讓韋皋心生厭惡。機智的薛小姐充分開動她的腦筋，當初她賦詩贏得韋皋的青睞，如今失寵了，那也要用同樣的手段挽回君心。於是薛小姐一下作了十首詩，名為《十離詩》。

在這十首詩中，薛濤深深地表達了悔意，字字真誠，句句懇切。就比如其中的《犬離主》：

馴擾朱門四五年，毛香足淨主人憐。

無端咬著親情客，不得紅絲毯上眠。

她將自己比喻成韋皋的一隻狗，自己所有的恩賜都來自主人。如今犯了錯，被趕出家門是活該。其他的幾首詩，也是將自己比作韋皋的寵物和物品，中心思想就是：是韋大人為她提供了現在擁有的一切，一旦離開了韋大人，自己就失去了價值，完全活不下去了。

薛濤把韋皋高高地捧到了天上，吹了一通「彩虹屁」。這些年來的人際交往，讓她學會了不去硬碰硬，而是以退為進、以柔克

剛。韋皋喜歡自己的柔婉和服從，那就深深地低到塵埃裡，做給他看他想要看到的樣子。

薛小姐是否真的對韋皋有那麼大的悔意和情意，我們無從得知。但蠻荒邊塞的慘白月光和粗魯無禮的士兵，是真的把薛小姐給整怕了。她很清楚只有做足謙卑和認錯的樣子，才能打動韋皋。或許旁人看到這些詩，會覺得薛濤毫無尊嚴和骨氣。可是對薛小姐來說，為了更好地活下去，一時的尊嚴又算得了什麼呢？

曾經的薛濤，也是想作就作、想鬧就鬧的大小姐。但現在，情緒這種東西，薛濤早就戒掉了。韋大人不分青紅皂白地懲罰自己，薛濤心裡能沒有委屈嗎？寫出這麼跪舔別人輕賤自己的詩，能不難受嗎？但她一點都沒有表現出來。委屈痛苦的眼淚，要吞下去、藏起來。讓人看見的眼淚，是用來示弱求和，為自己爭取利益的。這樣的眼淚，才可以用作武器。

果然，韋大將軍被薛濤的詩捧得很高興，他想起了初見薛小姐時她的明媚動人、才情四溢。想到這麼個美女兼才女在詩中對自己如此褒讚，韋大將軍的虛榮心得到了極大的滿足。於是他便召回薛濤，繼續放在身邊紅袖添香。

7

薛小姐是如願以償地回來了，但她是個明白人，這韋大人看似是個靠山，但實際上伴君如伴虎。自己就像韋皋豢養的一隻金絲雀，呼之則來，揮之則去，高興的時候放在身邊好吃好喝養

著，不高興了就丟到千里之外去自生自滅。

對於韋大人，她就像一個精美的玩物，是沒有個人自由的。經過這些起起落落，薛濤也看開了，這時候的她，人生境界又達到了一個新的層次，她要人身自由，要為自己而活，再也不想迎合取悅任何男人了。於是薛濤請求韋皋幫助自己脫離樂籍，離開大帥府。這就相當於放棄官方工作，放棄保護傘，選擇當一個自由職業者。

未來是好是壞，全要靠自己了。但薛濤一點都沒猶豫。

韋皋心裡是有些困惑的。他心想這小女子才拚了命回來，就執意要走，鬧哪齣呢？不過韋大帥這樣的人，從來就不會在一個女人身上流連太久。想走就走吧，走了就不要回來。

自此薛濤便離開了韋皋，獨自寓居於浣花溪畔。

可能有人會問，為什麼聰慧的薛濤會頓悟得這麼晚呢？為什麼她要跟自己並不愛的韋皋糾纏那麼久呢？或許這是因為薛濤年輕時習慣了高品質的生活，是無法一下接受粗茶淡飯草根布衣的日子的。由儉入奢易，由奢入儉難。一個用慣了海藍之謎的人，是很難再接受廉價護膚品的。

想當年頂流網紅薛小姐可謂「五陵年少爭纏頭，一曲紅綃不知數」，為了維持這樣的生活水準，她就只能依附於韋大帥，相當於琵琶女「老大嫁作商人婦」。薛濤為了韋皋耽誤的那一段大好的青春，實際上是在為自己所追求的物質生活買單。

當薛濤錢賺夠了，名利場待夠了，她便打算在浣花溪畔歇一歇，回憶回憶自己充滿故事的前半生。

她細細想了一下，自己和韋皋，與其說是愛情，不如說是一種依賴與被依賴的關係，各取所需。韋大叔看中了自己年輕貌美有才華，對外帶在身邊參加各種酒局有面子，對內又能幫著處理公文，算得上賢內助。而薛小姐看中的是韋大叔的社會地位，以及他能給自己帶來的名利和物質。他們之間當然是有感情的，可這感情中摻雜了太多複雜的東西。

　　而理想主義者薛小姐，內心其實一直渴望著一段極純粹的愛情。

8

　　如薛濤所願，在她從名利場全身而退之後，在春風拂面的浣花溪畔，她遇見了一生摯愛——元稹。

　　見到元公子的那一刻，遲暮佳人沉寂已久的心一下子甦醒了。薛濤的情竇著實開得有點晚，這時候的她，已經四十一歲了。雖然接觸了那麼多男人，但嚴格意義上來說，她還是一位大齡未婚未戀女青年。

　　而元公子此時三十歲，是一個男人最鼎盛的年紀。此時他的事業如日中天，以監察御史的身分奉命出任蜀地。簡單來說，他就是中央派來的人，身後有的是靠山。不過中央派他來監察地方官員，他倒來談起了戀愛。這也難怪，誰叫元公子不僅事業有成，還長得帥、有才華呢，這可妥妥地招桃花啊。最重要的是，之前豐富的情感經歷讓他非常懂得取悅女性，面對這種男人，哪

個女人會不心動呢？

　　薛濤跟著韋大帥也算是見過大世面了，什麼樣的男人沒見過。達官權貴，文人騷客，風流少年。可惜百花叢中過，還是被元稹這片綠葉沾了身。

　　元稹早就聽聞薛濤的芳名，於是特地約她在梓州見面。其實元稹這半輩子，也算是閱佳人無數。但是薛濤這樣有閱歷有故事的女人，對元稹來說是一個非常獨特的存在。什麼都經歷過了的薛濤，有著成熟女人獨有的風韻。她的一雙眼睛雖然不復年輕時的神采奕奕，卻充滿著欲說還休的情愫。每次看向元稹的時候，她的眼睛都似乎要娓娓道來一段往事。至此，元稹便再也無法從薛濤寫滿故事的眼睛中逃離出來了。

　　他多麼想瞭解，這個女人曾經有過怎樣的愛恨悲歡。他也堅信，薛濤的這雙閱遍世間風景的眼睛，能夠看透他的內心，讀懂他所有難言的心事。

　　李宗盛深情地唱道，「你是我生命中的精靈，你知道我所有的心情」，「我所有目光的焦點，在你額頭的兩道弧線」。這首《生命中的精靈》彷彿就是元稹想對薛濤說的話。

　　薛濤看著鏡子中自己眼角新長出來的魚尾紋，有些難過。雖然最貴的眼霜面霜天天招呼著，可還是抵不過歲月啊。元稹多懂女人心啊，他托著薛濤的臉深情地說，比起你年輕時的美貌，我更愛你現在備受摧殘的容顏。

　　於是一場轟轟烈烈的姐弟戀便開始了。

　　其實對這兩人來說，顏值並不是第一吸引力，共同的興趣愛

好才是。他們兩個都很喜歡詩詞，可以在一起議詩論政、填詞作賦，非常聊得來。正如那首歌中所唱，「關於心中的話，心中的話，只對你一個人說」。

可是這段感情，離元稹為亡妻寫下「曾經滄海難為水，除卻巫山不是雲。取次花叢懶回顧，半緣修道半緣君」的絕美情詩並沒有多久。就是在妻子逝世這一年，元稹在梓州邂逅了薛濤。原來即便見過滄海，也仍會為秋水而流連；即便見過巫山的雲，也會為另一處的流雲而心醉。

男人的嘴，騙人的鬼。

對薛濤來說，她和元稹這一段姐弟戀，是非常美好的，正是「金風玉露一相逢，便勝卻人間無數」。戀愛中的女人，大多沒有理智。和元公子共度朝夕的日子，是薛濤一生中最璀璨的時刻。她前半生所經歷的種種，似乎都是為了最後這段轉瞬即逝的愛情做鋪墊。

那時薛濤總愛穿著紅色的羅裙，同元稹坐在浣花溪畔談天說地。她屋前種著的枇杷和菖蒲，在風裡散發著清香。

兩人總喜歡一起去蜀山青川，踏著晨霞夕靄郊遊。四十多歲經歷了人生百態的薛濤，此時又變成了當年那個純白無瑕的小姑娘。她想起當年隨父親在貶謫的路上也走過這樣的山林，可是彼時的心境與此時是完全不同的。經歷過這麼多之後，當年那麼難走的路，如今卻也是波瀾不驚地就走過去了。

薛濤看著身旁的元公子，心中一動，或許也是有他在的緣故吧。

9

薛濤和元稹共度了三個月的朝朝暮暮。可是好景不長，沒多久元稹就被調離蜀地，薛濤只能寫信給元公子表達思念，兩人開始了一場艱難的異地戀。薛濤每天在信箋上寫著甜甜的情詩，她戀愛中心境的起起伏伏全都由一張張信箋承載。此時她寫給元稹的詩，跟以往那種大氣磅礴的風格迥然不同，完全是一個熱戀中小女人的感覺。比如：

> 雙棲綠池上，朝暮共飛還。
> 更憶將雛日，同心蓮葉間。

但細心的薛濤發現，這市集上賣的紙張都太大了，而她自己寫的大多是絕句，寫給元稹的情詩也較為短小。小小一篇詩寫在普通的信紙上就會顯得空蕩蕩的，很不好看。

網紅總會搞點副業，古時候的網紅也不例外。現在的網紅大多靠著顏值和潮流品味走紅，通常都賣賣衣服做做自主品牌。但薛濤的人設是才女，得整點更加有文化的產品。於是薛濤很快就開發出一款文創產品「薛濤箋」，又稱浣花箋。這麼個小玩意兒，製作工藝卻很複雜。按《天工開物》記載，製作浣花箋首先要用木芙蓉皮為原料，取浣花溪水造紙，再將芙蓉花、雞冠花等紅色的花搗碎後給紙張染色，製成深紅精美的小彩箋，紙面上還可以撒上細碎的小花瓣，聞上去便有清甜之氣。

薛濤不僅負責花箋的設計和製造，還親自帶貨，用花箋來謄寫自己寫給元公子的情詩，同時她也會寫詩贈予白居易、杜牧等大文人。產品本身別致精巧有新意，加上「大V」們的推廣，薛濤本人的流量，以及產品上面承載著的一段情，浣花箋一下就火起來了，火爆程度完全不亞於現在年輕人對於各種網紅奶茶以及限量版球鞋的追捧。

薛濤製作的浣花箋可能是最早的文創產品之一，還成了帶動文藝界潮流的爆款商品，比現在超高人氣的故宮聯名文具早了一千多年。可惜的是，薛濤雖然事業一帆風順，情路卻坎坎坷坷。

元稹離開蜀地後，表現出了渣男式的深情，他對薛濤說：「等著我，親愛的，我會回來娶你的。」薛濤沒戀愛的時候，雙商線上，清醒理智，連韋皋這種大人物都搞得定。但再聰明的女人一旦戀愛，就成了傻子。

此刻薛濤被愛情沖昏了頭腦，她堅信她的元公子會回來，會帶給她一個溫暖的家，讓她不再無依無靠。可惜狗血的情節年年歲歲都在重演，元稹還是讓她失望了。離開薛濤後，元公子很快移情別戀，迷上了年輕貌美能歌善舞的劉采春。和薛濤的姐弟戀雖然獨特難忘，但舊愛終究不敵新歡，加上千山萬水的阻隔，薛濤在他心裡沒多久就翻篇了。

薛濤漸漸收不到元稹的來信了，她的心一點點地涼了下去。最後一張寄給元稹的浣花箋上寫著「他家本是無情物，一任南飛又北飛」。滿滿的都是薛小姐的心碎。

浣花溪的水依舊潺潺流著，溪畔卻只剩了薛濤一抹寂寞的

剪影。

　　元稹不負責任地一走了之，迅速移情別戀，可以說是渣男一個。但他渣歸渣，並不代表他沒有付出過真心。渣男其實也可以很深情。

　　如果可以穿越時空去採訪一下元公子對薛濤的情感，他肯定並不覺得自己渣。想像一下，元稹深情地說，我只是心碎成了很多片，每一片都愛上了不同的女人，而薛濤，也是我真心愛過的女人中的一個。

　　比元稹更著名的深情渣男當數金庸《天龍八部》中的段正淳。幾乎書裡出現的每個中年美婦他都曾認真愛過。元稹、段正淳這樣的男人，長得帥，會撩人，說話又好聽，哪個女孩抗拒得了呢？這樣想來，現在那麼多女孩子都為渣男所困，也就不足為奇了。

10

　　後來為情所傷的薛濤脫下了紅色羅裙，換上了灰色道袍，了卻種種塵緣，長伴青燈古佛。從薛小姐十四歲那年喪父，她的人生就已經被改寫了。沒了父親這個依靠，她這大半輩子都不得不輾轉於不同男人身邊，畢竟在男權社會下，女性要追求獨立，可不是靠嘴上說說，還是得要資本的。

　　不得不說，薛濤已經盡力活得很好看了。她從在樂坊巧笑逢迎各路男人，到蜀地最高長官的貼身祕書，再到憑藉才情成為受

人追捧的文藝網紅。作為一個沒有門路和靠山的女子，能在娛樂圈裡先站穩腳跟，再一路晉升，最終跨界成為「女校書」，薛濤的情商是非常值得職場菜鳥們學習的。

可在感情上，她的內心始終有一個大窟窿等著去填補。追求名利的日子過久了，她也就厭倦了，於是薛濤開始渴望一次徹底的情感釋放。而且父親早年去世，讓她的原生家庭有了一個缺憾，所以薛濤的內心極度渴望一個穩定的依靠、一個情感的寄託。

這樣缺愛的女子，總會緊握著一點溫暖不願放手。這也是為什麼薛濤苦等元稹多年都未曾嫁人。元公子給她的那一點短暫的快樂，足夠薛小姐用整個後半生去反覆回味了。這段愛情像極了曇花，綻放的時候那麼美麗盛大、動人心魄，卻又在最美的一刻迅速凋落，讓一切都歸於沉寂。

薛小姐的意中人駕著七彩祥雲而來，匆匆離開時卻沒有帶上她。

景步航

魚　玄　機

（８４４？－８６８／唐朝）

我那被嫌棄的一生

魚玄機

1

一千多年前的長安城外有一座咸宜觀，咸宜觀裡住著一個美麗的女道士，她有一個好聽的名字：魚玄機。這個姑娘從小時候起就自帶熱搜體質，關於她的傳說，就像暮春時節的柳絮一樣飄散在長安城內，撓得人心癢癢。這個既禁欲又誘惑的名字，吊足了男人們的胃口。人人都想見識一下，那座道觀裡有著很多故事的女同學，到底是多麼美麗，多麼有才情。

魚玄機字幼微，一字惠蘭。這樣別致的名字，聽起來像是屬於某位白富美大小姐的。可惜的是，魚玄機美是美，卻窮得叮噹響。她爸爸是個落魄的書生，仕途很不得意，雖然滿肚子的詩書，口袋裡卻空空如也。魚爸爸就像某一種鳥類，自己飛不起來，就在窩裡下個蛋，想讓下一代使勁飛。雖然這下一代是個女孩，在古代即便有才能也沒法好好施展，但這並不妨礙魚爸爸把全部的希望都寄託在小魚身上。從她一出生起，魚爸爸就制訂了詳細又全面的早教計畫，經卷典籍，詩詞歌賦，一樣也沒落下。魚幼微也挺爭氣，聰明乖巧又好學，是家長們口中唸叨個沒完的

「別人家的小孩」。

元代辛文房曾在《唐才子傳》中評價她：「性聰慧，好讀書，尤工韻調，情致繁縟。」從這寥寥幾筆的記錄中，我們似乎能夠透過千百年的時光，窺見在長安城郊區的那個小房子裡，魚幼微坐在窗前讀書寫字的小小身影，好像也能聽見微風細雨裡，她稚嫩的琅琅讀書聲。

小魚同學沒有辜負她爸的期望，三歲識千字，五歲背古詩，七歲作詩文。周圍的人們開始紛紛談論，平平無奇的老魚居然生出了這麼一個小神童。的確，魚幼微在詩文上的天賦是不可否認的，但更加關鍵的是魚爸爸後天的教育和家庭氛圍的薰陶。現在想想，魚爸爸幹嘛要一個勁地考功名呢，還不如創辦個學齡前兒童教育機構，一定會有很多家長把小孩送來，畢竟他的親閨女魚幼微就是最好的宣傳廣告嘛。

清風不識字，卻把魚幼微這個帶著淡淡芳香的名字送入了長安城內。據說，很快這個小姑娘就聲名大噪。值得一提的是，魚幼微不僅智商高，顏值也高，有記載稱她是傾國之姿。聰明和美麗，這兩樣好事全讓她給佔上了，怎麼看都是上天眷顧。可是事實上，這位美女兼才女如同一塊精緻卻易碎的琉璃，命運多舛得讓人心疼。似乎世間美好的事物總是不那麼堅牢，這樣聰慧剔透的美人，是不被允許在人間駐足太久的。

出身寒微卻美麗聰慧的女孩子，若是放在現在，是可以憑藉自己的努力改變命運的。最好的情況就是，聰慧和努力讓她考上好大學，畢業後找到一份好工作。高顏值會為她帶來附加福利，

更多的機會，更廣的人脈，更大的平臺。自知美貌卻不利用美貌走捷徑，而是借助它為自己獲得更多的可能性，在這種情況下，擺脫貧困走上致富之路不是夢。

可是在古代，這一切都是做夢。那時候沒有九年義務教育，貧苦人家的女孩子連接受最基本的教育都很難，能會寫自己的名字就不錯了。讀書寫詩，那是大戶人家的有錢小姐專屬的。即便有機會飽讀詩書又怎樣呢，難不成女扮男裝去參加科舉考試，中個狀元入朝為官？那被發現了可是欺君大罪，要掉腦袋的。那麼跨階級婚姻呢？憑著自己的美貌和才學嫁入有錢人家當闊太太？更是做夢。古代都講究門當戶對，大戶人家更是如此。出身貧賤的女孩子，再美再有才也只能當個妾。賣菜人家的女兒，想當正妻，那就只能嫁給隔壁賣魚人家的兒子。

灰姑娘之所以能嫁給王子，是因為她原本就出身豪門，只是暫時落難罷了。

像魚幼微，家境貧寒，她最好的出路也不過是給大戶人家當妾。小魚讀了那麼多的詩書，被培養成了一代才女，可那又如何呢？她的美麗和才情，從來都是讓後世去憐惜珍視的。而在她所生活的時代，沒有人會願意將她的一生妥帖地安置。窮，成了她的原罪，是她拚盡一生力氣也擺脫不了的。詩詞歌賦，這些本不屬於窮人家女兒的東西，反而讓她的生命更加容易折損。

小魚真正無憂的時光，就是她父親仍在世的日子。爸爸才是這世間全心全意愛著她護著她的男人。

我能夠想像，千年前這樣一個美麗的少女，她自出生起，觸

目之處便都是長安城郊遠離喧囂的風與月，一雙眼眸還未曾沾染俗世的塵與煙。她的父親雖然落魄無為，卻想盡辦法保護和栽培自己唯一的女兒。這把保護傘雖然不夠強大有力，但也能讓魚幼微從小浸潤在書卷的墨香和詩詞的平仄裡。

2

可是有一天，這把保護傘突然倒了。魚幼微父親的離世，讓她一下暴露在外界的風雨飄搖中。這場突如其來的意外，讓這個本就困難的家庭雪上加霜。那天小魚的媽媽摟著小魚哭了很久，母女倆如同掉進了無望無告的深淵，黑暗又未知的前路，該如何走下去呢？

父親走後，她們住的小房子似乎更加逼仄狹小了，魚幼微便走出屋子，且散愁情。郊外的風好冷，月色也冷，把小魚浸了個透心涼。

小魚的母親在黑漆漆的屋子裡，擦乾了眼淚。她冷靜下來，開始想未來的出路。她只是一個再普通不過的女人，能想到的生存下去的唯一辦法，就是進長安城找活幹，成為一名進城務工人員。於是相依為命的母女倆，就搬進了長安城內房租最便宜的平康里。

平康里可不是一條普普通通的巷子，而是唐朝的花街柳巷，妓院聚集的紅燈區。這裡是四處揮灑風流和豔情的地方，這裡的女人不為妻也不為妾，她們不守女德女誡，只為了取悅男人而

生。她們不僅美麗，還多才多藝，琴棋書畫樣樣都通曉一些。風雅的表面之下，卻是讓無數男人都骨酥耳軟的嬌媚和風騷。熟稔的調情術和房中術，把多少男人惹得家都不回了，又讓多少男人聞香而來，一晌貪歡。大詩人孟郊進士及第之後，寫下了「春風得意馬蹄疾，一日看盡長安花」。恐怕這花，不僅僅是春日裡爛漫盛開的花，更是平康里嬌豔無比的女人花吧。

這裡是男人們的天上人間，卻是魚幼微母女的落魄之地。她們就在這裡，幫著妓院洗衣服謀生。

此時大唐最鼎盛的時期已經過去，整個社會的政治經濟都在向著一個看不見的深淵緩緩下滑。籠罩在落日餘暉下的晚唐無聲地掙扎著，而平康里卻依舊笙簫不斷，笑鬧不止。來往於這裡的人魚龍混雜，三教九流都在此處放浪形骸，肆無忌憚地釋放著人類最原始的欲望。

初到平康里的少女小魚緊緊地牽著媽媽的手，一臉的張惶失措。這樣的場景是她聞所未聞見所未見的。她白得發光的肌膚和周圍污濁的環境格格不入。小魚怯生生地站在一群群肆意嬉笑的男女中間，突兀得像是用PS貼上去的。從小就生養在郊區的淳樸女孩魚幼微，第一次看見這樣繁華的都市，看見這樣肆意的男女，她還聽到了讓人臉紅耳熱的言語，見到了讓她羞於啟齒的畫面。魚幼微感到深深的不適，畢竟此時她只是一個十歲出頭、未經人事的小姑娘而已。

可她沒得選，只能硬著頭皮待下去。魚幼微每天唯一做的事，就是機械地搓洗著手中沾染著胭脂味和酒氣的衣裳。小小年

紀的她，已經很清楚地知道，想要生存下去，吃到一口飽飯，就必須好好幹活。

在古代，像魚幼微母女這樣的平民女性，一旦失去了丈夫或父親的庇護，生活境況就會變得無比艱難。妓女已經處於社會鄙視鏈的最底端了，而魚幼微母女還要服務於妓院，可想而知她們的生活境況有多糟糕。魚幼微小小年紀就看見了社會最殘酷骯髒的一面，生活的毒打讓她的心性迅速發生變化。小魚看見了女性是怎樣如同物品一般輾轉於各個男人手上，是怎樣被把玩和輕賤。此時是她三觀形成的關鍵時期，但平康里的種種，一次又一次地刷新了這個小姑娘的認知和道德底線。

「長安城著名詩童魚幼微淪為平康里浣衣女」的八卦新聞就這麼傳開了。人們都在議論，曾經那個讓各家父母都嘖嘖稱奇的小神童，如今境況居然這麼慘。人們臉上都掛著同情和惋惜的表情，但也僅此而已，不會有人真的想出手幫她一把。這件事，只不過是「吃瓜群眾」茶餘飯後的談資。

管她有多落魄，又不是自己家的孩子。為她歎息一兩聲，已經算是心有良知了。

然而有一個人，真的關注起了魚幼微的境況。這個人，就是大詩人溫庭筠。溫庭筠是何許人也？那可是晚唐文學界大咖級別的人物，花間派的掌門人。如今我們所熟知的名句「雞聲茅店月，人跡板橋霜」和「小山重疊金明滅，鬢雲欲度香腮雪」都出自溫庭筠之手。

溫庭筠，字飛卿。出身於沒落的貴族家庭，他的先輩曾是唐初的宰相。雖然溫庭筠才情四溢、文思敏捷，但他這人恃才傲物，還太有個性，看哪個高官不爽就作詩諷刺，對自己的言行舉止也完全不加約束，因此得罪了當朝權貴，仕途便一塌糊塗。他閒來無事便總流連於平康里，縱情於詩酒聲色。

魚幼微的遭際傳到了溫庭筠的耳中，他不禁有了同是天涯淪落人之感。照理說，這兩人之間是有代溝的，畢竟溫庭筠比魚幼微年長了四十多歲。古代人結婚早，這年紀都可以當小魚的爺爺了。照現在來說，也是個不折不扣的大叔了。據傳聞說，這位大叔雖然有才，卻長得一言難盡。有毒舌的人調侃道，溫庭筠的畫像放在門口都可以辟邪了。

溫大叔很醜，卻很溫柔。他有點心疼魚幼微這個才華橫溢卻命運坎坷的小女孩，於是便尋思著要收她為徒。溫庭筠心想，這小姑娘是個填詞作賦的好苗子，不能就這麼荒廢了。我先去考考她，看看她是不是真如傳聞中那樣有才華。

於是在一個春風沉醉的傍晚，溫庭筠叩響了魚幼微家破舊的房門。在來的路上，他就已經想好了考驗小魚同學的題目，以「江邊柳」為題作詩一首。門吱呀打開的那一刻，小姑娘魚幼微便看見了這個名震京城的大詩人溫庭筠。溫庭筠說明了自己的來意，並請小魚同學賦詩一首。魚幼微小小的腦瓜子高速運轉了一會兒，便拿起筆在花箋上唰唰寫下了一首《賦得江邊柳》：

翠色連荒岸，煙姿入遠樓。

影鋪秋水面，花落釣人頭。

根老藏魚窟，枝低繫客舟。

瀟瀟風雨夜，驚夢復添愁。

　　溫大叔反覆吟詠了一番，心裡驚喜得不行，這用詞，這音韻，這意境，妙啊！小丫頭果然對得起京城第一詩童的稱號，這徒弟，我收了。千里馬遇上伯樂是人生之大幸，同樣，伯樂能遇到一個可塑之才，也會有天涯遇知音之感。

　　至此，溫大叔便一下打開了話匣子，他從品評魚幼微的這首詩開始，談古論今，口若懸河。魚幼微小鹿一樣清澈的眼睛，跟隨著溫庭筠的動作表情出神至極，眼中的敬仰如同滔滔江水般連綿不絕。溫大叔長得有些抱歉的臉，在魚幼微眼中卻自帶光環，變得無比帥氣。

　　從這之後，溫庭筠便常常出入平康里，教小魚作詩，他不但不收學費，還常常照顧這對母女的生活。慢慢地，這個大叔之於魚幼微，便不僅僅是老師的存在了。他的出現，不僅在某種意義上填補了小魚心中父親早逝的缺憾，也讓這個步入青春期的少女，初嘗了類似愛情的滋味。那天溫大叔帶著小魚最愛吃的糕點來看她，並準備和她聊一聊自己最近新作的一闋詞。這個男人笑起來憨憨的樣子，讓小魚感到了久違的溫暖。對魚幼微來說，溫大叔就是這混亂的人世間唯一的一股清流。

　　有人覺得，溫庭筠的醜是出了名的，怎麼魚幼微這麼一個絕

世美才女，偏偏喜歡上了醜大叔呢？其實小魚對於溫大叔的感情是很好理解的。想像一下，一個成績優異卻家境清貧的女學生，在為生活費和學費頭疼的時候，她成熟穩重又才華橫溢的語文家庭教師伸出了援手，給了她物質和精神上的雙重支持。於是這個純白如紙的女學生心動了，從此暗戀上了自己的家庭教師，為他的才華和風度所傾倒。至於這人長啥樣，女學生都可以用一雙自帶濾鏡的眼睛將他無限美化。

年少的魚幼微，一見飛卿，便誤了終身。

和大多數暗戀的橋段一樣，這也是一個少女愛而不得的故事。溫大叔的骨子裡有著詩人漂泊無定熱愛自由的屬性，長安的月色他已經看倦了，於是他臨時決定去南方。至於這個新收的小徒弟魚幼微，對溫庭筠來說，她只是自己旅途中的一方小小的景色，雖然旖旎，卻絕不會為之停留太久。

這一走，可把小魚同學給想念壞了。於是在一個深夜，她決定大膽表白，便寫下一首《冬夜寄溫飛卿》：

> 苦思搜詩燈下吟，不眠長夜怕寒衾。
> 滿庭木葉愁風起，透幌紗窗惜月沉。
> 疏散未閒終遂願，盛衰空見本來心。
> 幽棲莫定梧桐處，暮雀啾啾空繞林。

這首詩每句話都在暗暗地表達一個中心思想，就是溫飛卿我很想念你。注意這首詩的標題，不是稱呼溫庭筠為老師或者恩

師，而是直呼其名，溫飛卿。漆黑的夜色是情緒的催化劑，乖乖女小魚藏在內心深處的叛逆因數此刻被激發出來了。飽讀詩書的魚幼微，即便未經人事，又怎麼可能不清楚，這樣的情感是不會為世俗所接受的。一旦曝光，一定會登上八卦新聞的頭版頭條，被長安城的「吃瓜群眾」議論個沒完。但小魚還是寄出了這首飽含深情的詩。

隔著千年的時光，我們很難揣測溫庭筠對小魚是否有賞識和憐愛之外的其他情感。但可以確定的是，溫庭筠並沒有接受魚幼微的愛意。或許溫大叔看著魚幼微這樣一個水晶般剔透的可人兒，再看看鏡子裡自己這張醜醜的老臉，曾感到過深深的自卑和愧疚。我猜想他是有過心動的，也在道德和情感的分界線上徘徊掙扎過。但當他意識到這個女孩子是自己的學生，還比自己小了四十多歲時，他選擇了發乎情，止乎禮，將兩人的情感限制在師徒關係之內。

或許這也是他離開長安的原因之一。長安城處處都有魚幼微的影子，他無法控制住自己一次次前往平康里，和那雙小鹿一般清澈的眼睛一次次地對視。

當然了，以上種種，都是我作為一個後人的猜測和意淫，史書上並沒有隻言片語證明過這兩個人對彼此產生過別樣的情愫。我們總喜歡給有著傳奇經歷的古人們添些風流韻事，因為史書上的記載，實在過於冰冷無聊。只有給他們注入人類共通的情感，才能讓那些遙遠的已逝之人活過來，變得有血有肉、立體生動。而連接我與魚幼微的紐帶，就是她在不同心境下寫下的詩詞。每

讀她的一首詩，這個女孩的模樣就更清晰地出現在我的眼前。而我從中抽絲剝繭，編織了一些綺麗又奇幻的夢。

溫大叔離開後音信全無，魚幼微從前總含著一汪水的眼眸，逐漸變得幽深。

父親離世，溫大叔也離開了，這個女孩子承受了太多她這個年紀所不該承受的委屈。此時魚幼微的心裡莫名浮上來一層恨意。她恨自己的爸爸那麼早地丟下了這個家，又恨那麼信任依賴的溫大叔突然不辭而別。自己的存在彷彿可有可無，隨時都可以被輕易地拋棄。

4

然而他們之間的故事並沒有就此結束。

突然有一天，溫大叔又出現在了魚幼微面前。久別重逢，小魚有太多話想對溫庭筠說了。但她話還沒說出口，就發現大叔的身後還跟著一位風度翩翩的年輕人。

這個年輕人叫作李億，江陵名門之後，當朝的科舉狀元。原來溫庭筠這次回來是當媒人的，想要給魚幼微張羅個靠譜的對象。小魚的心就像在坐過山車，一會兒高高飛起，一會兒又嘩嘩墜下。她想著，還以為大叔這次回來是為了和我再續前緣，沒想到他是想把別的男人介紹給我啊。敢情我在他心裡就像個物品，說轉手就轉手給別人了。

魚幼微當時心裡那個難過失落啊，可是她又不能表現出來，

畢竟她和溫大叔從來就沒有確定過任何男女之情上的關係。她根本就沒有資格為他流淚。年少的魚幼微，誤以為溫庭筠對自己的關心和賞識，是曖昧，甚至是愛情。

既然是一廂情願，那就要認賭服輸。

魚幼微還是有一點不甘心。她帶著一點賭氣的意味，答應了和李億相個親約個會，看看能不能談得來。

這李億是個飽讀詩書的青年才俊，性格也還不錯，怎麼看都是合適的結婚對象。如果是被這樣的人明媒正娶，那魚幼微這一輩子，倒也會安穩無憂。但很快魚幼微就瞭解到，這李億雖然哪兒哪兒都合適，但要命的一點是，他已經結婚了，有一位正妻裴氏。這一點溫庭筠事先肯定是知道的，或許在他心裡，即便魚幼微是自己賞識的學生，她卑微的出身也只配嫁給大戶人家為妾。

終究還是自己不配。

在古代，小妾和奴婢是差不多的，她們都相當於物品，而不會被當作一個人平等對待。我們經常在電視劇裡看到某個老爺寵愛小妾冷落正妻的老套橋段，其實，這基本上都是扯淡。妻子和小妾的地位是有天壤之別的。首先，正妻是三媒六聘風風光光娶來的，而小妾是納來的。納妾根本不需要什麼聘禮，頂多給女方家裡一點錢，相當於買來了個物件放在家裡。其次，妻子的家庭地位並不是由丈夫的好惡決定的，而是有嚴格的法律規定和宗法制度制約著，不是丈夫隨隨便便一句「不愛了」就可以將妻子休棄的。如果丈夫寵愛小妾，輕視妻子，那麼按照嚴格的禮法制度，這個妾就可能會被打死。

蘇軾對其小妾王朝雲非常喜愛，在她去世後寫下了《悼朝雲》《西江月·梅花》等深情綿邈之作。在蘇軾漫長又艱難的貶官之路上，朝雲始終對他不離不棄，還為他生子。然而即便是這樣，當時已鰥居多年的蘇軾也從未有過將朝雲扶為正妻的念頭，因為朝雲是歌女出身，地位低賤卑微。這位跟著東坡輾轉流離十餘年的女子去世後，東坡在其墓碑上鐫刻下的稱呼，也不過是「侍妾」二字。

總而言之，妻妾有別。小妾的地位遠遠低於妻子，是得不到同等的尊重和善待的。

所以溫庭筠雖然介紹了李億這麼個青年才俊給魚幼微，卻是讓她去做妾，相當於在潛意識裡把小魚看作一個物品。溫庭筠幹了這麼件不厚道的事，在魚幼微已經受傷的心上又狠狠補了一刀。但對魚幼微來說，此時她也沒有更好的選擇了，「身不由己」這個詞，可以準確地概括小魚的大半生。她一方面想著我得快點忘掉溫大叔，開始新生活了；另一方面，失去了穩定經濟來源的她，必須趕緊找個大腿抱著，哪怕要付出丟掉尊嚴的代價。

至此小魚便把自己為了溫庭筠碎成餃子餡的一顆心，以及她夭折在襁褓的初戀，一同含淚埋葬了，然後接受了做李億的小妾。

5

根據後來魚幼微寫給李億的詩，可以推測出她和李億在一起

的時候，還是度過了一段很快樂的時光的。或許也是因為，在被殘酷的現實重重地打了好幾巴掌後，李億對她的那一點好，已經是她畢生不可多得的溫暖了。

　　她就像一隻飛了很久卻無處落腳的鳥，一旦找到了可以暫時停歇一下的樹枝，便會無比貪戀。她的全部身心，都繫在了李億這根樹枝上。她不敢再去想曾經那些無依無靠的日子。

　　李億也是很喜歡魚幼微的。這樣美貌與才情兼得的尤物，試問哪個男人會不喜歡呢？可是李億心裡很清楚，妾就是妾，只是自己的玩物而已，永遠無法代替正妻的地位。所以當李億兇悍善妒的大老婆裴氏每次為難魚幼微的時候，李億都選擇假裝看不見聽不見，短暫性失明失聰。雖然在古代男人納個小妾實在是再平常不過的事了，大多數女人都會睜一隻眼閉一隻眼，有的賢慧的妻子甚至還會和丈夫說，老公啊，看你最近心情不好，要不咱買個小妾找找樂子吧。可裴氏是個大醋罈子，就是不能容忍魚幼微這個小妖精的存在。哪怕魚幼微在李府小心翼翼地說話做事，盡心盡力地伺候著李億夫妻倆，裴氏還是會不停找碴，動不動就把魚幼微打得傷痕累累。

　　小魚不斷地妥協、退讓、委曲求全，但這並不能為她換來安身立命的一個小角落。裴氏這姐們兒這麼暴烈也是有原因的，她家裡特別有錢有勢。李億是個明白人，他深知自己想要在仕途上走得更順，還得依靠自己老婆娘家的權勢。小妾可以再納，可千萬別把正宮娘娘惹毛了。當老婆裴氏一再發威，李億只能一紙休書休了魚幼微。

魚幼微被迫離開李府的時候，心裡盛滿了屈辱和恨意。哪怕是身分最卑微的小妾，她都不配當嗎？為什麼口口聲聲說著會照顧愛護自己的夫君，每次在看到自己被打罵的時候，都選擇了默默走開？偌大的長安城，就沒有她魚幼微安穩度日的一席之地嗎？

李億看著魚幼微離去的身影，心裡也不太好受。他對這個女子，多少還是有些留戀的。就算是一隻小貓小狗，養久了也會有感情，何況是魚幼微這樣的絕代佳人？再說了，李億生性風流，家中縱有「妻管嚴」，也按捺不住他蠢蠢欲動的心。李億想，得找個辦法安置她，不能讓我的小美人就這麼自生自滅。

於是魚幼微就被李億送入了長安城外的咸宜觀，當朝狀元的小妾魚幼微，從此變成了女道士魚玄機。

李億雖然玩起了金屋藏嬌，但玩歸玩，鬧歸鬧，他可從來沒把自己的仕途當玩笑。為了自己的前途，李億並沒想過要迎娶魚玄機為妻。只是他對於這個美麗的前任小妾仍然有一絲不甘心。人們對於自己未曾得到的和已經失去的東西，都會念念不忘。於是他深情地對魚幼微說，你等我三年，到時候我一定休了我老婆來娶你。魚玄機雖然知道這句話半真半假，但她仍然忘不了這個帶給過她歡愉與溫暖的男人。或者說，她對愛情，仍然抱有一絲幻想。

於是魚玄機就傻傻地在咸宜觀裡當了三年的道姑，等著李億來帶自己回家。畢竟在這世間，李億是她唯一可以依靠的人了。

6

　　在等待期間，魚玄機見不到李億的人，便只能將情思付與詩酒。李億字子安，於是便有了很多首《寄子安》。最開始的等待，仍是心懷希望的，魚玄機也曾寫下「如松匪石盟長在，比翼連襟會肯遲」。那時她還傻傻地相信著，她與李億之間的情意，會如松柏那樣長青，他們許下的盟誓，會比石頭更加堅定。如今只是暫時的分離，李億很快就會回來找她，他們會像比翼雙飛的鳥兒那樣，永不分離。

　　可是等著等著，魚玄機就有些心灰意冷了。時間連成一條線地過去，晝與夜對她都沒有什麼意義。她每天吃飯，卻嘗不出來什麼滋味；每天睡覺，可總是沒法一覺睡到天明。她多麼不想在半夜醒來，只因為夜晚的咸宜觀，太靜了，靜得心裡發空。她能拿什麼去填呢？沒有愛，沒有快樂，只有層層的寂寞，填滿了她的心，填滿了整個道觀。春天漫山的花開了，正是踏青的好時節，可魚玄機彷彿聞不到香氣。她總是不想出門，卻迷上了喝酒。她漸漸明白了為什麼人們都要借酒消愁。似乎只有酩酊大醉的時候，才可以暫時忘卻煩惱。

　　日日花前常病酒，敢辭鏡裡朱顏瘦。

　　住在道觀的日子，魚玄機常常穿著一身素色道袍，寬大的道袍晃晃蕩蕩的，顯得她更加消瘦。她天天綰著鬆鬆的髮髻，不施粉黛，素面朝天。有時她數著牆上的光影，有時她掃著門前的落葉。她還常常坐在窗前看天上的雲。那些流雲聚了又散，散了又

聚，可是她等的人，卻始終沒有回來再與她相聚。

楓葉千枝復萬枝，江橋掩映暮帆遲。

憶君心似西江水，日夜東流無歇時。

　　魚玄機等啊等，她看著鏡子中的自己眼底的光彩在一天天流逝，曾經熾熱的心在一點點冷卻。咸宜觀日日靜若無人，裡面除了寂寞，還盛滿了一個女人孤注一擲的等待。

　　或許有人會問，難道魚玄機就沒有自我嗎？為什麼要把全部希望都寄託在男人身上？或許這是因為，父親早逝，她又飽受貧困折磨，實在是過怕了無依無靠的生活。缺愛又缺錢的原生家庭，很容易讓一個人變得過度依賴別人，特別是對於魚玄機這樣本就敏感柔弱的女孩子。所以她才會把後來遇到的男人，都當作救命稻草一般的存在。

　　可是三年之後，魚玄機等來了一個李億帶著全家遠赴揚州當大官的消息。李億不是她的救命稻草，而是壓垮她的最後一根稻草。魚玄機深深感到，自己付出的真心，全都餵了狗。每次對一個男人的愛和信任，換來的都是背叛和拋棄。魚玄機的心，這次算是徹底涼透了。所有人都是短暫地愛了她一下，短暫地陪了她一下，可她需要的，是很多很多的愛、很多很多的陪伴。

　　既然一個男人給不了，那就要很多個男人吧。

7

這一年，曾經的傻白甜魚玄機徹底完成了她的黑化。

她在咸宜觀貼出告示：魚玄機詩文候教。表面上是在歡迎大家來切磋詩文，實際上是在暗暗地問各路男人：約嗎？本應清淨的道觀，一下成了豔幟高張的風月場所。魚玄機，這個高顏值美女兼才女，大詩人溫庭筠的女徒弟，科舉狀元的前任小妾，自然是吸引了無數男人的目光。一時間咸宜觀成了比平康里更受歡迎的去處。寶馬香車，一次次地揚起了咸宜觀前的塵土。大唐才女魚玄機，一次次地和不同的男人尋歡作樂。她在自我放逐中找到了一絲報復的快感。

魚玄機就是要天下人看清楚，管他什麼文人墨客風流名士，還不是要拜倒在我的石榴裙下？

長安城從此不再有魚幼微，只有咸宜觀裡的女道士魚玄機。

在唐朝，出家當女道士是一種潮流，尤其風靡於皇室之中。唐朝有多位公主都當了女道士，她們中有的是為了躲避出塞和親而出家，還有的是為了過上更為自由放任的生活，就比如唐睿宗的金仙公主和玉真公主，她們表面上以「為皇室祈福」而居住在道觀，實際上經常叫來一幫文人雅士縱情作樂。唐朝的女道士，沒有那麼多清規戒律，不僅不需要剃度，還可以穿自己想穿的漂亮衣服。她們比尋常人家的女子更為自由，不受那麼多道德的約束，也不用早早地結婚生子。王建有詩云：「女冠夜覓香來處，唯見階前碎月明。」說的就是女道士的風雅生活。

而魚玄機，又以一己之力，將「女道士」這個稱呼，變得更加香豔。她在這裡百無禁忌地放飛自我，縱情聲色。每當天色暗下來，長安城內的萬家燈火又要點起來的時候，咸宜觀便開始醞釀著一場狂歡了。派對的女主人魚玄機在鏡子前化著妝，她等著各色各樣的男人前來和她吟詩作對、把酒言歡。每天晚上，她會選擇那個最合她心意的男人，與之共度良宵。人們一邊罵她放蕩，一邊又對這個深鎖著無邊春色的咸宜觀，好奇著，神往著，垂涎著。那些衣冠楚楚的所謂君子，在這裡撕下了虛偽的面具，放縱著自我。魚玄機看著他們醜態百出的樣子，輕蔑一笑，呵，男人。

　　好像只有在此時，魚玄機才能夠得到一點獲勝的快樂。她不知道自己在和誰較勁。或許她恨天下男人，又或許是，她與整個世界為敵。

　　魚玄機總是迷戀著酒醉後的暈眩，常常掙扎在清醒和夢境之間。半夢半醒間，她的眼前幻化出無數個過著別樣人生的自己。魚玄機想起了十五歲那一年路過崇真觀，正趕上朝廷公佈新科進士名單。圍在旁邊的男同學中有考上了進士的，便春風得意地在牆上題詩留念。小魚就站在旁邊靜靜地看著他們表演。她的心裡是有一些不服氣的，如果我是個男的，哪還有你們什麼事啊。論寫詩，在場的各位，都是弟弟。於是她不顧周圍人們訝異的目光，自顧自地在牆上寫下：

　　　　雲峰滿目放春晴，歷歷銀鉤指下生。

　　　　自恨羅衣掩詩句，舉頭空羨榜中名。

只恨我是個女孩子，空有了這一身才華。沒有機會考取功名，榮耀平生，到底是意難平。

　　魚玄機曾經想過，或許她的一身才華，可以讓她走出童年時那個破舊的小屋子。的確，她是走出來了。但這之後，她又陷入了更大的困頓之中。

　　易卜生的《玩偶之家》鼓勵女性要像女主人公娜拉一樣掙脫傳統觀念的束縛，追求自由，大膽出走。但娜拉出走之後會怎樣？大抵不是墮落，就是回來。人人都在讚歎著女性衝破樊籠的勇氣，卻沒人會在意她們需要為此付出怎樣沉痛的代價。和現實硬碰硬，只會讓自己遍體鱗傷。那時候想要宣揚大女子主義是需要資本的，一個女人必須擁有足夠多的錢和深厚的家庭背景，才可能有機會一個人獨自美麗，不需要依靠男人就過上美滋滋的小日子。

　　而魚玄機，一個貧窮人家的女孩子。縱然有顏值有才氣，那又怎麼樣呢？她還是得面對現實。說白了，口袋沒有錢，她就沒有選擇權。她的一切都不屬於自己，連美麗都是別人的。我曾猜測過，這個用一句「魚玄機詩文候教」就攪翻了整個長安城的小女子，內心到底有過怎樣的想法。或許她以為：所謂的自由，就是放縱；所謂的勇敢，就是叛逆；所謂的不走尋常路，就是冒天下之大不韙。她自欺欺人地認為，結交不同的男人，就是自己擁有了選擇權和主動權。

　　身不由己的一輩子，如今也讓我自己做一回主吧。

　　魚玄機心裡的不甘和恨意，不僅僅是衝著男人和這個世界，

更是衝著她自己。被嫌棄的魚玄機的一生，為人妾，為女道士，被當作物品送來送去。而她始終在做徒勞的掙扎和無謂的抵抗。她拒絕接受自己一生的愛恨悲歡都掌控在男人手中的事實，可她又無法改變這個事實。所以她夜夜把自己灌醉，只有在酩酊大醉的時候，魚玄機才覺得自己不屬於任何人，只屬於她自己。看著那些為她的美色而神魂顛倒的男人，魚玄機固執地覺得，自己在這一刻，是凌駕於他們之上的。

關於魚玄機的消息，天天佔據著大唐的八卦新聞版面。今天某位知名作家前去拜訪魚玄機，明天某位高官深夜幽會魚玄機。魚玄機這個名字，從此便帶著一絲情欲的味道。

魚玄機的身邊有一個叫作綠翹的侍女。在人世間無依無靠的魚玄機，將綠翹看作唯一值得自己信任的人。綠翹雖然年紀尚小，但來咸宜觀的男人們都說，綠翹跟著魚玄機久了，眼角眉梢也有了她的風情。這些男人中，就連魚玄機最中意的帥哥樂師陳韙，都會在和她相處的時候，目光偷偷摸摸地在綠翹身上流連幾番。魚玄機看著正當妙齡的綠翹，又看著鏡中的自己，臉上有歲月流淌過的痕跡，心裡漫上來一陣陣蒼涼和無力的感覺。

最是人間留不住，朱顏辭鏡花辭樹。

那時的魚玄機，雖然只有二十四歲，但再好的底子也架不住天天喝酒熬夜。再加上在綠翹青春逼人的對比下，魚玄機的眼睛裡，已經有了一點美人遲暮的影子，這是多貴的眼霜都拯救不回來的。看著綠翹嫩得能掐出水的皮膚，魚玄機美麗的臉蛋都因為嫉妒而有些變形。這讓她內心不知衝著誰的恨意，又加深了幾

分。她的身體裡好像埋了一顆定時炸彈，隨時都可能引爆。

8

　　而這顆炸彈的引爆，只是在一個尋常的夜晚。那天魚玄機受鄰院邀請去參加一個酒宴，臨走前她對綠翹說：「如果樂師陳韙來找我，就告訴他我去哪兒了，讓他等我回來。」那天魚玄機本來想著早點回家睡個美容覺，結果沒忍住又喝多了，玩到挺晚才回家。

　　盡興而歸咸宜觀後，卻發現綠翹這丫頭鬢髮散亂，兩頰潮紅，眼睛中春意流轉。魚玄機心裡有了不好的預感，便問綠翹：「陳韙來了嗎？」綠翹眼神躲躲閃閃地回答她：「陳公子來過了，我說您不在，他就走了。」可是女人敏銳的直覺告訴她，綠翹和陳韙，一定背著她做了苟且之事。魚玄機甚至聞到空氣裡都充滿了雌性綻放的味道。魚玄機心如死灰，遭到背叛的感覺又鋪天蓋地而來，恨意在瞬間吞沒了她。

　　為什麼，全世界都要背叛我魚玄機？

　　魚玄機越想越生氣。夜深了，她把綠翹叫到房中，嚴厲責問她是不是和樂師有了不軌之事。綠翹肯定不會老老實實地承認，只是一個勁地哭。綠翹眼中帶淚楚楚可憐的樣子，更激起了魚玄機心底的憤怒，她揚起手中的藤條，狠狠地抽打在綠翹身上。毫無反擊之力的綠翹，成了魚玄機的一個發洩口。魚玄機對這個世界的怨恨，對命運的不滿，以及她作為一個弱者所遭受過的種種屈辱，此刻統統發洩在了一個比她更加弱勢的綠翹身上。而魚玄

機和她自己的鬥爭，也進入了殊死階段。

　　魚玄機自己都沒有意識到，她的內心積壓了那麼多的痛楚和委屈。此刻她因憤怒而放大的瞳孔，早已不再如當年初見溫庭筠時那般清澈了。她在一種不自知的癲狂中一下一下地抽打著綠翹，綠翹苦苦求饒的聲音反而更加刺激了她的神經。

　　這麼多年隱忍的怨氣全在這一刻爆發了出來。

　　當年被李億的大老婆毒打的每一下，此時都加倍償還到了綠翹身上。直到綠翹完全失去了聲息，魚玄機才停下了手中的鞭子。長安城郊的月色還是和她小時候見到的一樣溫柔，只是灑在綠翹失去生氣的臉上時，變得有些陰冷。

　　魚玄機見真的鬧出了人命，有些慌了。但她安慰自己，不過是一個奴婢而已，埋了就完事了。的確，依照《唐律》所規定的「諸奴婢有罪，其主不請官司而殺者，杖一百。無罪而殺者，徒一年」，魚玄機殺死的是自己的奴婢，所以並不會被判處死刑。畢竟奴婢的命有如草芥，不必主人一命抵一命。

　　此時的魚玄機，心已如刀劍一般冰冷了。她沒有因為一條生命的逝去而悔恨悲傷，她只是抱著無所謂的態度，隨意將綠翹的屍體埋在了後院裡。過了幾日，有個客人喝多了，去後院解手，卻發現地上某個地方圍著一大群蒼蠅，揮之不去。細細一看，這裡有隱隱的血跡，還有一股腥臭的味道。他不禁慌了神，告知了縣衙的差役。差役帶人來查，事情很快就水落石出了，魚玄機對打死綠翹的事供認不諱。當時的她並未想到，失手打死一個奴婢，會讓自己送了命。

東窗事發之後，案子到了官府那裡，很多曾與魚玄機有過枕席之歡的官員名士紛紛替她求情。長安城的男人們可不想這麼一個美豔風情的尤物被打傷或是去坐牢。京兆府有些為難了，便將此案上報給了朝廷。出人意料的是，當朝皇帝唐懿宗可能是那天心情不太好，居然直接將魚玄機判處了死刑。

臨死前的魚玄機，心裡是有過悔恨的。但她的悔恨，並不是因為殺了綠翹。她悔的是，一次次地相信了男人；恨的是，此生背叛過自己的男人。可是她也實在不知道，若是擁有一次重來的機會，自己是否能過好這一生。她不知道是哪一個環節出了錯，又或許，從一開始，便都是錯的。

一個風華絕代的才女，生命就此落下帷幕。

沒有了魚玄機，咸宜觀就是個再普通不過的道觀。長安城內的人們漸漸被新的事物所吸引，城外那座小小的道觀，很快就被遺忘了。這裡吹了一千多年的風，把魚玄機的故事都吹散了。她對心上人那份極其綿長的等待，她吞咽下的種種委屈，她醉酒時的笑和清醒時的淚，渡過的人世間最苦的劫，都在風裡雨裡消散了。如今這座道觀都已消失不見，而曾經住在這裡的女主人，卻是真真切切地感歎過，易求無價寶，難得有心郎。這首流芳千古的詩，正是出自魚玄機筆下：

> 羞日遮羅袖，愁春懶起妝。
> 易求無價寶，難得有心郎。
> 枕上潛垂淚，花間暗斷腸。

自能窺宋玉，何必恨王昌。

那年的她，在空寂無人的道觀中癡癡等著不會回來的李公子，感歎著無價之寶易得，而真情之人難覓。或許生命走到最後階段的魚玄機，也曾感歎過，生而為人，我很抱歉。

李　清　照

（１０８４－１１５１？／宋朝）

姐就是女王

李清照

1

頭疼得很。一覺睡到大中午，怎麼昨晚的酒勁還沒過去啊？

李清照揉著太陽穴，慢吞吞地從床上爬起來。昨兒想必是下了一宿的雨，刮了一夜的風。窗外的海棠花怎麼成這樣了？花落了一地，整個庭院都亂糟糟的，真是鬧心。捲簾的丫頭居然還說我的海棠花沒事，這不是睜著眼說瞎話嗎？沒見那樹上只剩葉子沒有花了嗎？

李清照有點起床氣。她坐到梳妝鏡前，懶懶地照著鏡子，梳著頭髮。「天呀，我怎麼都有黑眼圈了啊，皮膚也沒那麼有光澤了。不行不行，熬夜喝酒太影響顏值了，這次我一定要戒酒。」李清照自言自語道。

「第二百五十八次。」侍女小丫頭端來一碗銀耳蓮子羹，噗哧一笑說道。「什麼二百五十八次？」李清照滿腦袋問號。「這是小姐您第二百五十八次說要戒酒啦。」

從沒見過像她這麼愛喝酒的女孩子。她的老爸李格非怎麼也想不明白：我們家明明是書香門第，怎麼就生出了個女酒鬼呢？

李清照誕生於高級知識份子家庭，關於她的家庭背景，有兩種傳聞。有人說她的曾外公叫王拱辰，曾中過狀元；有人說她的外公叫王珪，曾當過宰相。總之，李清照的媽媽出身於最高層的士族家庭，而她的爸爸李格非就更厲害了，是大才子蘇東坡的門生，著作頗豐，是蘇門「後四學士」之一。

　　這樣不凡的家庭，才能誕生千古第一才女。作為婉約派詞宗，在後人的心目中，李清照的形象通常是一個溫溫柔柔的小女子，她或是輕解羅裳，獨上蘭舟，或是獨倚西窗，人比黃花瘦。她的詞寫得如此美，如此婉約，想來本人也是「嫻靜時如姣花照水，行動處似弱柳扶風」的林黛玉式的女子吧。

　　可是我們完全想錯了。

　　1084年的春天，大宋仍然是一片繁榮安穩。在這煙花三月的時節，一個雙魚座女娃娃誕生在了山東濟南。老李愛憐地看著襁褓中軟軟糯糯的小女孩，決定喚她為李清照。「人動佳色，物含清照，若合璧之無瑕，比重輪而有耀。」「多美啊。」老李滿心溫柔地想道，「我的寶貝女兒，日後必定是一個端莊嫻靜的大家閨秀，如白玉無瑕，似明月清照。」

　　然而大家閨秀的養成，並不是僅僅需要遺傳的優良基因，更需要一個安穩優渥的成長環境。可李清照的童年，生活條件並不好。李格非雖在朝為官，卻非常清廉，所以家裡也沒什麼錢。李清照一歲的時候，媽媽就去世了；四歲的時候，爸爸又被調去東京汴梁當太學教導主任，小小的李清照便只能被寄養在伯父家裡。

　　一般來說，書香世家的女孩應該是深居閨閣的，大門不出二

門不邁。但李清照從小就被放養了，沒有媽媽教她在家學女紅刺繡，也沒有爸爸在身邊約束她的行為。李清照和她的堂兄們一塊玩鬧著長大，她和他們一起玩泥巴，也和他們一起去學堂讀書。遠在汴梁的老李萬萬沒想到，自己的女兒離大家閨秀的樣子，是越來越遠了。

不過李格非還是很開明的，他覺得女兒開開心心地長大更重要，不用太拘泥於傳統禮儀思想。有了老爸的寬容，李清照就更加光明正大地不學女紅，不學淑女禮儀。當堂兄們聚在一起玩遊戲時，李清照也要來湊個熱鬧。玩歸玩，鬧歸鬧，讀書這個正經事，小李同學可一點也沒落下。比起玩泥巴，李清照更愛讀書寫字，每天和堂兄們一起去學堂上學是她最快樂的事。

幾百年前的學堂，傳來了孩子們拖長了音調，如小和尚唸經一般的誦讀聲。午後的熏風吹得一群小孩子直犯睏，他們一個個東倒西歪，巴不得早些下課回家放紙鳶、蹴鞠。只有小小的李清照睜著求知的大眼睛，生怕漏掉先生說的每一個字。隨著她慢慢長大，認的字越來越多，小李同學便越來越喜歡看書。不管她人在哪裡，手上總是拿著一本書。堂兄們叫她玩遊戲她都不玩了，只一心沉浸在書卷的墨香裡。

她還嘗試著自己寫詩作詞。小李完美繼承了老李的文學天賦，再加上她聰明好學，芝麻點大的小人兒，就已經顯露出了在詩詞創作上的才氣。那遣詞造句，簡直就是為文字而生的。老李得知後，別提有多開心了。他心想，寶貝女兒如此有天賦，可不能耽誤了，必須好好栽培一番，於是將李清照接到了自己身邊。

2

　　李清照被接到京城的時候，家裡生活條件已經好了許多。此時李格非擔任禮部員外郎，這官銜不小，俸祿自然也不少。再加上老李自己的文學造詣頗高，平日裡他結交的朋友都是有頭有臉的文化人。為了女兒可以得到更好的教育，老李便專門請了蘇門四學士之一的晁補之來指導她。有天分，有熱愛，有老爸的鼎力支持，還有名師一對一指導，小李同學便盡情揮灑著她的文學才能。她某天喝多了隨手寫的一首小令，也就是那首「昨夜雨疏風驟，濃睡不消殘酒」，就被京城文藝圈的大咖們誇上了天，有記載稱「當時文士莫不擊節稱賞，未有能道之者」。

　　那時的李清照，只有十五六歲。

　　李清照的芳名從此傳遍了整個京城，人人都在議論著這個詩詞界第一文藝美少女。如果那時有微博，那麼熱搜榜上必定總是掛著「李清照又創佳作」的新聞，就跟現在的當紅明星出了新專輯差不多。

　　十六歲的李清照，已經過了及笄之年，是個正兒八經的大姑娘了。這樣的名門才女，身邊自然有很多暗戀她的男孩子。照理說，古時候的女孩子，到了適婚年齡，卻仍未嫁人的，是應該每天待在閨房繡樓裡，等著父母給自己安排婚嫁的。可是李清照從小就習慣了自由自在，若是天天被鎖在閨房當宅女，那她肯定會被憋死。還好老爸李格非很寵愛女兒，對她並未嚴格約束，所以李小姐照舊四處遊玩，春日要去郊外踏青，夏日要漫溯藕花深

處，秋日要賞水光山色，冬日正逢元宵節，便要打扮得漂漂亮亮的，去街上看那「鳳簫聲動，玉壺光轉，一夜魚龍舞」的盛況。

除了遊山玩水，李清照最愛的就是喝酒了。自古以來，酒好像都是男性世界裡的東西。君不見，邊疆將士醉臥沙場，三國豪傑煮酒論英雄，落拓文人擬把疏狂圖一醉。李清照這個女孩子，小時候玩男孩子才玩的遊戲也就罷了，如今長大了，她還是要到男性的世界裡湊個熱鬧，闖蕩闖蕩。在往後的幾十年人生裡，她開心了要把酒言歡，不開心了更要借酒消愁。就連那醉人的月色和春色，都被她一同飲盡了。

那時她年紀尚小，並沒有什麼憂愁，即便有，也是為賦新詞強說愁的「愁」。年少時的借酒消愁總有些天真的矯情，有些做作的詩意，只因心中並無真正的沉痛，只有少女純白的心事，是微醺把酒看斜陽，是醉臥花間夢正香。少女時代的酒真甜，讓人沉醉不知歸路。

就是愛喝酒，就是要喝酒，就是不想安安靜靜地當一個美少女，就是要比爺們兒更爺們兒。李小姐從來就不是深鎖閨閣的乖乖女，也不是傳統意義上嫻靜優雅的淑女。可是往往有個性的女孩子，會更招人喜歡。

有一位叫趙明誠的公子，就對李清照小姐很是欣賞。雖然並沒有和她接觸過，唯讀過李小姐寫的詩詞，但小趙已對這個女孩子傾慕不已了。這位趙公子的家世可不簡單。他的爸爸此時在朝中擔任吏部侍郎，相當於現在的副部級幹部。小趙雖然是個官二代，但他並不是那種只會開豪車泡妞的紈絝子弟。相反地，小趙

很有人生追求。他和李清照一樣，喜歡詩詞歌賦，而且還醉心於金石研究，是個有才氣有前途的小夥子。書香門第的出身，還給了他貴家公子獨有的翩翩風度和良好教養。

可是再優秀的男孩子，在喜歡的女孩子面前還是會自卑。「李小姐到底會不會喜歡我呢？」小趙第一千零一次問自己。

在輾轉反側了無數個夜晚後，這一天他終於鼓足勇氣，決定先去李格非的府上拜訪一下。或許，能偶遇李小姐呢？而李清照也到了情竇初開的年紀，雖然她平日裡四處遊玩，見過的公子爺也不少，收到的情書也挺多，可並沒有哪一個人，真正地打動過她的心。

3

直到她遇見趙明誠。

初見他時的美好，李清照一生也未曾忘記。這是她唯一愛過的男人。當明眸皓齒的李小姐變成白髮蒼蒼的李婆婆的時候，她也還是會常常回想起第一次見到他時的怦然心動。

或許李清照的那闋《點絳唇》，記錄的就是初見趙明誠時的情狀。

> 蹴罷鞦韆，起來慵整纖纖手。露濃花瘦，薄汗輕衣透。
>
> 見客人來，襪剗金釵溜，和羞走。
>
> 倚門回首，卻把青梅嗅。

晨起，又是美好的一天，李清照正在院子裡盪鞦韆。她玩得正開心，乾脆把鞋子都脫了，讓小腳丫也呼吸一下新鮮空氣。就在這時，她突然看見門外進來了一位丰神俊逸的公子。李小姐不禁怔住了。好帥啊，當真是陌上人如玉，公子世無雙啊。內心小鹿亂撞之際，李清照突然意識到，自己玩鞦韆玩出了一身的汗，而且早起也沒顧得上梳妝打扮，想必現在是鬢髮散亂、汗透衣衫，樣子實在狼狽。這下李小姐可慌了神了，怎麼偏偏沒化妝沒洗頭的時候遇到帥哥呢？我還是趕緊溜吧。

跑得太急，連鞋子也沒顧上穿。這也太尷尬了。

可是就在這時，更尷尬的事情發生了。李小姐早上沒有好好梳頭，一支金釵就很不給面子地「哐噹」一聲滑落在地。李清照心中暗叫「不好」，她已經感覺到那位公子的目光投向了自己。在外人面前這樣出糗，換作別的小姑娘，肯定早就羞得捂臉跑了。但李清照是有一些男孩子氣的，她想算了算了，反正都已經這麼失禮了，那不如再讓我回頭看一眼帥哥吧，不看白不看。於是她在跨進房門的那一刻，驀然回首，並且藉著嗅青梅給自己打掩護，又看了一眼帥公子。碧綠的青梅掩映著李小姐豔若桃花的面頰，雖然她頭髮亂亂的，鼻尖上還有一點汗珠，但這反而更給她增添了少女的天真嬌憨之感。

這個絕美的定格，再一次撥動了趙明誠的心。

而李小姐回眸的一瞬間，看見這位公子紅了臉，眼神還有些不自然的躲閃。她心中竊喜，難道他也喜歡我嗎？嘻嘻，看來我成功撩到帥哥啦。

按照古代的標準看來，李清照並不是傳統意義上端莊矜持的淑女，甚至還有些不守禮法。可趙公子偏偏就喜歡李清照這樣一位非典型好姑娘。趙明誠也曾見過典型的好姑娘，她們都規規矩矩，一舉一動無可挑剔，邁著淑女的步伐，掛著淑女的微笑。可是她們也好像是流水線上生產出來的木偶人，毫無個性和靈氣可言。

然而這也並不是那些女孩子的錯。

古代大多數名門世族的女孩子，活得都很累。按照當時的標準，大家閨秀要做到「四不」：笑不露齒，坐不露膝，站不倚門，行不搖頭。就連作為裝飾物的耳環，在古代都是被用作規範女子走路姿勢的。左耳環叫「羞」，右耳環叫「恥」，所以耳環又被稱作「羞恥」。要是一個女孩子走路姿勢不端莊，左顧右盼的，那麼耳環就會啪啪打臉，這是會被旁人說三道四、被家中長輩狠狠訓斥的。所以她們時刻謹言慎行，生怕有不得體的舉動。就連自己的人生，也要永遠規矩體面，她們聽從父母之命，乖巧地等待著被安排婚姻和命運。

她們是被釘在水晶櫥窗裡的蝴蝶標本，美麗卻哀婉，永遠沒法自由自在地飛舞。

而李小姐小時候並沒有上過什麼女德班，所以從小就是放飛自我慣了的。當她看見趙公子時，又是倚門又是回首的舉動，一下就犯了兩個忌諱，但李大小姐根本不在意。別的女孩子可能考慮的是：這個公子會不會覺得我輕浮，會不會覺得我不夠淑女？但李清照想的是：讓我再多看一眼這個公子吧，說不準他還會喜

歡上我呢。誰說女孩子不能主動追求愛情呢？大大方方地表達對一個男孩子的喜歡，這可一點都不掉價。

什麼條條框框，去你的吧。本小姐怎麼開心怎麼來。

所以便回眸一笑，輕嗅青梅。

這誰抵擋得住呢？趙明誠的心怦怦亂跳。真是從未見過這麼明媚生動的女孩子。他是從小被傳統禮儀約束著長大的，嚴謹，端肅，而李小姐卻是那麼天真、活潑、灑脫，甚至還有些任性，這是趙明誠一直憧憬卻始終不可得的。這樣一個女孩子，恰好填補了他心裡的空缺。而李清照，也並不是只看臉那麼膚淺的。初遇時的驚鴻一瞥，只是讓李清照怦然心動，但並沒有讓她下定決心嫁給趙明誠。真正打動李清照的，是趙公子一身的才華。他的風度翩翩，來自飽讀的詩書；他的溫潤如玉，是因為良好的家教。

兩個年輕人看對了眼，兩戶人家又是門當戶對的，於是這門婚事就這麼水到渠成了。

4

能和喜歡的人結婚，這是多少女孩子一輩子的夢想啊。是他為自己掀開紅蓋頭，是他與自己同飲合卺酒，是他和自己共剪西窗燭。第一眼心動的人，也是陪伴一生的人，多麼美好。新婚後的李清照，小日子過得很甜蜜。那段日子她筆下的詞都甜掉牙了，字字句句都在秀恩愛。

賣花擔上，買得一枝春欲放。淚染輕勻，猶帶彤霞曉露痕。

　　怕郎猜道，奴面不如花面好。雲鬢斜簪，徒要教郎比並看。

　　李清照高高興興地在市集上買了一枝花，立刻就想道：「我相公會不會覺得我沒這花好看啊。」於是李清照就把花戴在頭上，準備靈魂拷問一下趙明誠，是花美還是她美。這個問題聽起來幼稚又可笑，但也許很多女孩子都問過男朋友類似的問題：我好看還是你前女友好看？戀愛中的女人都是醋罈子，就連男孩子氣的李清照都成了一個小作精，偏要和一朵花爭風吃醋。性格再直再爺們兒的女生，一旦陷入熱戀，也是又嬌又嗲，還有一點點做作的。

　　都說婚姻是這世上比數學題更難解的功課，牆外的人想進去，牆裡的人想出來。但李清照和趙明誠，在這婚姻的圍城裡過得很是美滋滋，至少維持了長達七年的感情保鮮期。剛結婚時的小趙，還在太學讀書，並不能天天回家。都說小別勝新婚，每逢初一、十五回家和小李團聚時，兩個人都如膠似漆，格外甜蜜。

　　他們常常飯後玩點小遊戲助消化。比如先倒上一杯茶，然後一個人說出某個典故，另一個人猜它出自哪本書的第幾卷、第幾頁、第幾行。每次比賽，記憶力冠軍李清照總能勝出，回回秒殺趙明誠。贏得了比賽，李清照就開心。別的小媳婦都是嬌羞一笑道：「相公，承讓了。」而李清照則是哈哈大笑道：「嘖嘖嘖，相公，你不行啊。」她笑得手中的茶水都濺出來潑了一身，正是為我

們所津津樂道的「賭書消得潑茶香」。

這甜甜蜜蜜的兩個人，並不是單單靠顏值和家世相互吸引的，更重要的是，他們倆意趣相投，有著共同的愛好。兩個人宅在家的時候，從來都不會大眼瞪小眼，相顧無言。而是一會兒小李拉著小趙欣賞她新作的詩詞，一會兒小趙和小李分享他讀書的心得。兩人出去玩的時候，更是經常互相指物作詩，雖然李清照在填詞作對上的水準是可以吊打趙明誠的，但這也並不妨礙他倆切磋詩詞文章。

小趙對自己老婆在填詞作賦上的崇拜，如同滔滔江水般連綿不絕，心甘情願地擔當著李清照的頭號忠實粉絲。李清照寫的每首詩詞，一發朋友圈，趙明誠都第一個點讚。小趙對於小李文學上的才能，那是一百個心服口服，他為此還很自豪，總是心中偷著樂，我可真幸運，娶到這樣一個了不起的老婆。

當然了，你很優秀，但我也不差。趙明誠雖然喝酒喝不過李清照，寫詩寫不過李清照，記憶力也比不過李清照，但在研究金石方面，他是這個領域裡的大佬，這讓同樣對此感興趣的李清照秒變迷妹，心甘情願地當起了趙明誠的助理，紅袖添香在側，全力支持老公的事業。

玩遊戲總輸的小趙，此刻在小李的眼中，卻閃耀著光芒。他低著頭認真鑽研金石的樣子，可真帥。

不過這個愛好可就有點燒錢了。研究鐘鼎碑石，搜集古董字畫，這是需要投入大筆銀子的。每次小趙從太學回家休假的時候，都會和小李一起去相國寺市場淘一淘金石玉器。值得一提的

是，雖然這兩個人的父親都在朝中身居高位，但家裡並不是大富大貴。加上小趙還在上學，沒有經濟來源，所以兩人的日子過得挺儉樸的。

可是誰叫小趙對金石研究愛得深沉呢，就算砸鍋賣鐵，也要把熱愛的事業進行下去。李清照對此也是全力支持，不惜拿出自己心愛的衣衫首飾當掉。於是每次兩人去買碑文古籍之前，都要去一趟當鋪，典當幾件物品換些錢。日常生活，也是能省就省。肉太貴，那就不吃了；首飾太貴，那就不買了。所以兩位官二代，竟然到了「食去重肉，衣去重彩，首無明珠翡翠之飾，室無塗金刺繡之具」的地步。但這錢花得值啊，和志同道合的人做有意義的事，實在是人間樂事。這便是「意會心謀，目往神授，樂在聲色狗馬之上」。

精神上的共鳴，讓李清照和趙明誠成了彼此的不可替代。而那些只能一起打《王者榮耀》一起吃火鍋的愛情，說散也就散了。畢竟再找個遊戲好友，或者一起吃飯的人，都不是什麼難事。而靈魂伴侶可就太難找了。能互相契合的靈魂，是需要很多條件的，相似的原生家庭，相似的教育環境，以及重疊的朋友圈，才能讓兩個人產生共同語言。而小李和小趙，恰恰都是書香門第出身，從小接受了良好的教育，長大後又都在北宋的文人圈裡混著，所以很是聊得來。他們會聊有人最近又作了一闋絕妙好詞，會聊大相國寺又進了一批保存完好的古籍文獻。

我拋出的哏你能很快就接上，我抖的包袱你也都能領會到笑點。

李清照夫婦的精神世界是相通的，他們在兩個人共同構建的小世界裡遨遊，縱情，沉醉。一段好的愛情，從來都是兩個人有共同的目標和追求，但又能在各自擅長的領域努力綻放，在彼此的眼中閃閃發光。兩個人互相支持，彼此砥礪。

後來小趙讀完了書，便正式進入仕途，開始掙錢了。官場形形色色的誘惑很多，可他還是堅持著初心，也仍如往常一般對待李清照。

他們還是共話詩詞歌賦，一起討論著那幅讓人愛不釋手卻要價不菲的《牡丹圖》；一起手拉著手去大相國寺中的書畫古玩攤「淘寶」；他們在春深似海的日子裡，一起去郊外踏青。小李仍是少女情懷，在春風裡奔跑著放紙鳶；他們還在雪後初霽的日子裡，一起踏雪賞梅。小李藉著賞花為由溫了壺酒，她一高興又喝得有一點飄，拉著不勝酒力的小趙還要再乾一杯。

她在鬧，他在笑。日子就在酒香裡時而微醺，時而沉醉。

兩個有趣的靈魂相遇了，便能把平淡的生活過得詩情畫意。歲月靜好的樣子，莫不如是。

5

結婚那年，李清照十七歲。即便是按照現在的標準來看，她也接近成年了，照理說也應該成熟穩重起來了。可是李清照雖然結了婚，但她從來就沒有像別的古代女子一樣，老老實實地當起

家庭主婦。別人家的妻子都是在家相夫教子，被柴米油鹽和家務活纏身，在廚房中忙得像個陀螺。而李清照呢，她還是該喝酒就喝酒，該寫詞就寫詞。唯一和婚前不同的是，趙明誠不在家時，她便不再一個人跑出去玩了。她心裡有了惦念，有了牽掛。趙明誠經常因為公務出差，李清照就只好一個人在家。

外面的良辰美景，是要和趙先生一同欣賞的。先生既不在，那我也懶得出門了。

李女士的婚後生活大概是這樣的。「香冷金猊，被翻紅浪，起來慵自梳頭。任寶奩塵滿，日上簾鉤。」都日上三竿了，李清照還是賴在床上。好不容易起了床，卻還是懶得疊被子，懶得做家務，香都燒完了也不去添上新的。什麼都不想幹，就想躺著當「鹹魚」，喝酒填詞倒也可以。至於做家務，實在不太想。隨它去吧，反正趙先生也不會怪我的，他只要我開開心心地做自己想做的事就行。

在某種程度上，嫁為人婦的李清照，和當年那個宿醉過後揉著惺忪睡眼問侍女海棠如何的少女，並無差別。她仍然恣意、無拘，還有點小孩子的任性。

真正被愛著的女孩子，總是能自由自在地做自己。李小姐並不需要考慮「我這麼做會不會讓趙先生不開心？他不開心了會不會把我休棄」。她從來不用小心翼翼，不用去迎合討好。她想大笑就大笑，想喝酒就喝酒，想犯懶就犯懶。這些對古代女子來說離經叛道的事情，李清照卻隨心所欲地想幹就幹。

如同靜默曠野裡的一個驚雷，漆黑夜色中的一顆明星。

在女性以柔弱含蓄為美的封建社會，李清照卻活得如此瀟灑。她最在意的不是世俗的眼光，更不是老公的態度，而是自己的感受。我喜歡的人，要讓他知道我心意；我喜歡的事，要繼續堅持做下去。我自己，就是最重要的。不得不說，李清照的這種自我意識的覺醒，是遠遠領先於她同時代的萬千女性的。當其他人仍在沉睡之時，李小姐就已經醒了。她放著紙鳶，盪著鞦韆，遠遠地看著那些熟睡的人。

李清照心想，為什麼要和她們一樣呢？我就是我，不一樣的煙火。

或許有人要說，是趙明誠對她的寵愛，才讓李小姐恃寵而驕，恣意妄為。其實即便沒有趙明誠，李清照也依然可以是李清照。她愛趙明誠，可趙明誠，從來就不是她的全部。霸氣的李清照可以獨自美麗，因為書香門第的出身、開明的家教，以及老爸李格非的悉心栽培，都共同塑造了李清照強烈的自我意識。

有他，那很好；沒他，那也不要緊。還有酒，還有詩，還有我自己。

都說古代好女人要遵守三從四德，在家從父，出嫁從夫。但李清照既不想當爸爸的乖女兒，也不想當老公的賢慧妻子。她想做的，就是獨一無二的自己。

6

其實古時候的女子之中，也有不少長得好看又有才氣的。可

她們的紅袖，從來都是為男人添香在側。就連她們的美麗，都不是自己的。她們柔媚入骨，是為了取悅男人；她們熱烈盛開，也是為了入男人的眼。就譬如唐代四大女詩人之一的魚玄機，她一直把全部希望都寄託在男人身上。所以當希望落空的時候，魚玄機的心便死了。她也是有才情的，可她筆下的字字句句，都是愛而不得的心碎。「易求無價寶，難得有心郎。」她這一輩子，都在等一個對的人，既然等不到，這朵花便迅速枯萎了。

糟糕的原生家庭，淪落風塵的經歷，使得這些女孩子在成長過程中形成缺愛心理，並且很難擁有獨立的人格。她們總想著要靠男人來獲得愛和滿足感。在這個過程中，她們一直處在被動的地位，委曲求全，自己的尊嚴和人格也一再退讓。

公子說什麼，便是什麼。你要娶別人，我答應。你讓我做妾，我答應。你要我等你，我答應。你要棄我而去，我也答應。只為一句，你曾愛過我。只要那一點點愛，一點點好，一點點真心。

然而越是卑微，越是不會被珍惜。

那些女孩子總想著靠別人，可別人，從來就是靠不住的。於是她們被冷落，被拋棄，成了一個個美麗卻哀婉的剪影，獨自飄忽在暗夜裡，歎息，掙扎，最終一點點破碎。

而李清照就不一樣了。

她有她自己的生活，自己的愛好，自己的信仰。而男人對她來說，只是生命的一個組成部分，而絕不是唯一。當我們提起這位李小姐，會首先談論她的傳世名句，她的愛酒如命，她的愛國

氣節，然後順便才想到她的老公趙明誠。而提起趙明誠，唯一想到的就是，哦，他是李清照的老公。趙明誠本人，在大多數人看來，只是歷史上的一個小透明。儘管他在金石研究上也頗有成就，可在妻子李清照的盛名之下，他也只好淪為陪襯。

趙明誠一個大男人，堂堂宰相之子，卻在填詞作賦上被妻子全方位碾壓，他有沒有過不甘心呢？當然也是有的。

這一天趙明誠出差去了，李清照一個人在家。此時正逢重陽佳節，可是老公不在身邊，李清照就有些落寞。窗外的天氣還陰沉沉的，更加叫人心煩。李清照心情不太好，便溫了壺酒喝。喝著喝著，靈感就來了，她便寫下了一首《醉花陰》，寄給遠遊在外的趙明誠，就是想告訴他：老公啊，這大過節的你還不在，我一個人在家好冷好孤獨好寂寞啊。想你想得人都瘦了一圈，你可要快快回來陪我。李清照的這首詞是這麼寫的：

> 薄霧濃雲愁永晝，瑞腦銷金獸。佳節又重陽，玉枕紗廚，半夜涼初透。
>
> 東籬把酒黃昏後，有暗香盈袖。莫道不消魂，簾捲西風，人比黃花瘦。

這首詞的最後一句話，可以說是千古名句了。趙明誠讀後也是歎賞不已，心說：我老婆怎麼這麼有才啊。同時他又有些不服氣，心想：作為她老公，我一定要寫一首更好的詞。於是趙明誠閉門謝客，苦思冥想了三天三夜，一下填了五十首詞，把李清照

的這闋詞也糅雜其中，寫完後沾沾自喜地問他朋友寫得怎麼樣。他朋友反覆吟詠後說：「老哥啊，這裡面有三句真是絕了。」趙明誠滿臉期待地問：「哪三句啊？」朋友說：「莫道不消魂，簾捲西風，人比黃花瘦。」

得，辛辛苦苦填了幾十首詞，結果自己費盡心思想出來的那麼多句子，還是比不上老婆的一句。趙明誠這下徹徹底底地服了。我老婆就是詩詞界第一才女，不接受反駁。

這一段是傳聞逸事，並不是史書官方記載，自然會有誇張的成分。但這也說明了李清照在這段婚姻裡是和丈夫勢均力敵的，而她在才情上更勝一籌，讓她在這段關係裡甚至擁有了主動權。婚姻裡的平等和自由使得李清照始終是李清照，而不是趙夫人、趙家媳婦。

李清照就是李清照，四海列國，千秋萬代，只有這麼一個。

7

然而這對夫妻，縱然有神仙愛情，也到底是凡塵中人，他們也會身不由己地被時局所左右。

新舊黨爭是從宋神宗年間開始的。圍繞著王安石變法，新派勢力和守舊大臣爭執不休。這場沒有硝煙的戰爭，一直延續到了宋徽宗時期。而李清照的父親李格非，便被捲入了這場紛爭之中。老李被列為不受宋徽宗待見的元祐黨人，遭到罷官，眼看形勢無可挽回，老李便帶著家眷回老家去了。而趙明誠的父親，反

而被提拔重用，一路高升至宰相。宋徽宗崇寧二年（1103），正當李清照為父親的事急得焦頭爛額四處尋求幫助時，朝廷又發佈了一條禁令：宗室不得與元祐奸黨子孫為婚姻。

也就是說，小趙和小李的幸福生活，就要結束了。真是屋漏偏逢連夜雨，父親被罷官，又和丈夫分離，李清照感覺近乎窒息。她不得不一個人回到原籍，投奔先行回老家的爸爸。這對夫婦，正式開始了聚少離多的分居生活。

作為一個三月中旬出生的雙魚座，李清照有著雙魚女典型的細膩敏感。趙明誠不在身邊，獨守空房的李清照免不了會多愁善感。什麼景物入了她的眼，都要傷感一番。唉，秋天來了，荷花都開敗了，我這朵花，沒有愛情的滋潤，也要開敗了。會不會還沒見到老公，我就要容顏不再了？落花逐水而去，是不是暗示著我的青春也如水逝去，再也不回來？大雁都南歸了，我什麼時候能回到老公身邊呢？我還是別想他了，就算想了也見不到。可是這相思之情，怎麼剛剛下了眉頭，卻又纏繞上了心頭？唉，我太難了。

還是喝點小酒寫點小詞吧，或許能讓我暫遣愁情。

> 紅藕香殘玉簟秋。輕解羅裳，獨上蘭舟。雲中誰寄錦書來，雁字回時，月滿西樓。
>
> 花自飄零水自流。一種相思，兩處閒愁。此情無計可消除，才下眉頭，卻上心頭。

李清照在杯中倒滿了酒。這杯酒鎖住了月滿西樓時如水的夜色，映入了征鴻過盡後碧藍的蒼旻。明明只喝了幾小杯，我怎麼就已經醉了？不過醉了也好，醉了就不想他了。只是清醒之後，還是會受相思之苦。唉，異地戀也太難了。還好夫妻伉儷情深，遠距離戀愛也並沒有將感情沖淡。

終於等到了相聚。三年之後，也就是崇寧五年（1106），奸相蔡京被罷免，天下大赦，被判罪的元祐黨人也被赦免。真是喜上眉梢的日子，簡直要開幾罈好酒慶祝一番。李清照回到汴梁，久別重逢的夫妻倆相擁而泣。終於守得雲開見月明，那些壞日子，終於都過去了。

然而天晴了還沒多久，一場風雨就又來了。宋徽宗大觀元年（1107），蔡京又被恢復宰相的職位，而趙明誠的父親趙挺之，則不幸被罷免。朝堂之上的風雲真是變幻莫測，前一刻還風光無限的人，下一秒就要鋃鐺入獄。趙挺之受了打擊，一病不起，沒幾天就去世了。趙明誠還來不及悲痛，就也丟了官職，趙氏一家都被驅逐出京。

不得已，趙明誠和李清照只好屏居青州，這是一段類似於隱居的日子，也是兩個人難得的相聚時光。此時的李清照正是盛年，可她的心經過那麼多起起落落之後，已是有些佛系了。她將住的地方取名為「歸來堂」，自號「易安居士」。

歸去來兮，田園將蕪胡不歸？既然官場如此險惡，每走一步都如履薄冰，那便遠離京城，歸隱於此吧。倚南窗以寄傲，審容膝之易安。做一對神仙眷侶，倒也逍遙自在。李清照夫婦便在

青州繼續做起了他們的金石研究。他們將節衣縮食搜集來的古籍文物都存放在歸來堂中，一起研究金石器物上所鑄刻的文字，校正錯訛，品定褒貶，最後將研究成果編纂成冊，便是大名鼎鼎的《金石錄》了。

8

政和七年（1117），趙明誠離家做官。兩人又開始了分居。離開那天，李清照送別趙明誠，送了一程又一程。可是送君千里，終須一別。李清照隱隱覺得，丈夫此去，又會有變故發生。何來此感？大概是女人的第六感。無論怎樣的神仙愛情，恐怕都逃不過七年之癢。在一起這麼多年，李清照一直沒有懷上孩子，趙明誠總是為之歎息不已。而且李清照人到中年，已不再是當年明媚嬌豔的少女，多番變故讓她更添憔悴。再加上兩個人聚少離多，再深厚的感情，也不免會被距離和時間沖淡。

再相見時，李清照明顯感覺到了老公對自己的冷淡。饒是李清照這樣的奇女子，也逃不過中年危機。趙明誠看向她的目光，不再像從前那般溫柔了。他變得話很少，總喜歡一個人待在書房，研究他的金石寶貝。從前那些共話詩詞歌賦、共剪西窗紅燭的日子，再也不會回來了。

李清照又是個倔脾氣，既然你冷暴力，那我也不會低頭求和。日子就這麼不鹹不淡地過著。而夫妻關係的真正破裂，是因為趙明誠做了一件很荒唐的事情，讓李清照徹底失望。

1127年，金人南下攻陷北宋首都東京，宋徽宗、宋欽宗一對皇帝父子被擄去北方，史稱「靖康之變」，北宋的大好河山轟然傾覆。

　　1128年，也就是建炎二年，趙明誠當上了江甯知府（也作「太守」）。說來趙明誠也倒楣，知府的寶座還沒坐熱，就碰上了御營統治官王亦叛亂。當時這事被他的下屬察覺了，並做了彙報。照理說提前知道消息，趙明誠只要上一點心準備一下，平定這個叛亂並不是難事。

　　可是趙明誠偏不，這個緊急關頭，他滿腦子想的，仍然是他的古董寶貝。於是他跟這下屬說：「等我研究完手上的這批青銅器再說，你先退下吧，別來打擾我。」然後也沒有給出任何應對措施。

　　當天晚上，王亦果然造反。好在趙明誠的下屬夠靠譜，私下早有準備，所以輕輕鬆鬆就擊敗了叛軍。雖然這位下屬早就不指望趙明誠這個掛牌知府了，但是領賞還是要向他領的。於是在天亮時下屬就高高興興地去向趙明誠報告勝利，卻怎麼都找不見人。四處搜查一番後，發現城牆上掛著一條繩子。原來趙明誠一看王亦真的叛亂了，立馬就慌了，竟然棄城而逃。

　　趙明誠只想安安靜靜地當一個研究金石的美男子，一遇上要平定叛亂帶兵打仗這種事，他就慫了。他也不懂在其位就要謀其政，所以毫無責任擔當。趙明誠這一跑，不僅又被罷官免職，而且還被他一身正氣的老婆李清照深深鄙視了。

　　夫妻關係降到了冰點。

趙明誠棄城而逃，這知府是鐵定當不成了。再加上局勢越來越動盪，這一年李清照夫婦決定向江西逃亡。途經烏江時，兩人駐足江邊，氣氛一度陷入尷尬。

李清照想起了烏江之畔自刎謝罪的項羽，又想起丈夫棄城逃跑的窩囊行為，越想越氣，於是她即興寫下「生當作人傑，死亦為鬼雄。至今思項羽，不肯過江東」的千古絕句。短短二十個字，字字擲地有聲，每一個字都把趙明誠這顆軟柿子打得更蔫了。此刻的李清照，早已不再是當年那個稀里糊塗誤闖藕花深處的小酒鬼了，而是一個清醒而昂然的女鬥士，橫眉冷對千夫指，批評起自己老公來也絕不留情。

這首詩不僅是在說臨陣脫逃的趙明誠，也在諷刺不戰而退懦弱無能的南宋朝廷。李清照又鬱悶又憤慨，心想：怎麼南宋朝廷和我老公都是一個熊樣兒啊。

柔柔弱弱的女子，在暖陽裡是蕩漾的春水，但遇上寒冬便可變成堅冰，斧鉞不可摧。

既然不能上戰場殺敵，李清照便以筆為刀劍，以紙為沙場，揮灑筆墨間，盡是巾幗不讓鬚眉的豪邁之氣。相比之下，趙明誠的表現就顯得很不爺們兒了。歲月靜好的時候，他的懦弱和自私都被隱藏得很好。然而一遇危機，真實的人性就暴露了。

真是懦夫一個。李清照的白眼都翻上了天。

李清照是主戰派，當金人大舉進擾中原領土，南宋朝廷卻苟且偷安，李清照於憤慨之中揮毫寫下「南來尚怯吳江冷，北狩應悲易水寒」。「北狩」暗指徽宗、欽宗兩位皇帝被抓到北方當俘

虜，但大臣們為了保住點皇家顏面，就委婉地說我們的皇帝是北上狩獵打兔子去了。李清照這兩句詩是在諷刺朝廷中沒有抗擊金兵的可用之才，一群文臣武將一到關鍵時刻全都當起了縮頭烏龜。李清照最佩服花木蘭，直言「木蘭橫戈好女子」，恨不得也能女扮男裝上戰場殺敵。奈何自己一把年紀了，又人比黃花瘦，心有餘而力不足，還是指望著朝廷中能來個靠譜的人早日收復中原吧。

李清照不僅自己主戰抗敵，也希望自己的老公婦唱夫隨，拿出點男兒血性、英雄氣概。但懦弱的趙明誠一再讓她失望，此時李清照心裡想的都是：我怎麼就嫁了這麼個膽小鬼啊，對內不能平定叛亂，對外不能抗擊金兵，老趙啊，你太讓我失望了。

與此同時，趙明誠心裡也憋屈得很，我只是一介肩不能挑、手不能提的文弱書生，你一會兒指望我成為像項羽那樣力拔山兮氣蓋世的千古豪傑，一會兒指望我拿起武器保家衛國，為夫做不到啊。

李清照的心很大，裡面盛著大宋的山川湖海；趙明誠的心卻很小，只夠住他自己。對趙明誠來說，好死不如賴活。他覺得能在亂世之中活下去就行了，哪怕是苟活。什麼尊嚴、氣節、責任，在他這裡都不重要。

此事過後夫妻之間的嫌隙越來越大，趙明誠終日鬱鬱寡歡，一直這麼憋屈著，到底是憋出了毛病。建炎三年（1129），他突發急病，撇下李清照撒手人寰了。

昔人已乘黃鶴去，此地空餘黃鶴樓。

9

好像古代的女性，比不少男性更有氣節。

後蜀君主孟昶雖然有勵精圖治的心，能力卻不足以管理好一個國家，加上趙匡胤的軍隊以實力碾壓後蜀，兵臨城下之時，孟昶不得不屈辱投降，他的妃嬪也都被宋軍俘獲。

趙匡胤早就聽說孟昶的寵妃花蕊夫人不僅有傾城之姿，還極擅詩賦，便召見她入殿作詩一首。他本以為久居深宮的女子只會吟風弄月，沒想到這花蕊夫人是個胸中有家國的烈性女子，張口便將後蜀不戰而退的君臣吐槽了一番：「君王城上豎降旗，妾在深宮那得知？十四萬人齊解甲，更無一個是男兒。」

皇上啊，你怎麼仗打都不打就投降了呢？還有你這十四萬士兵，一個個的是男人嗎？你們好意思嗎？

憤慨之情一如李清照在烏江邊上的千古長嘯。

一代名妓柳如是亦然。崇禎十七年（1644）初，李自成的大軍逼近京城，大明軍隊節節敗退。在這國難當頭之際，柳如是急得嘴角都快起泡了，天天和擔任禮部侍郎的丈夫錢謙益商討救國之策。三個月後，李自成的軍隊還是攻陷了京城，崇禎皇帝不得已自縊而亡。當時的許多忠君愛國的臣子都追隨崇禎帝而去。柳如是心灰意冷，想著家國都沒了，我這蒲柳之質何必苟活於世？

於是有一日兩人泛舟散心的時候，柳如是勸錢謙益：「夫君啊，一朝天子一朝臣，李自成肯定會為難你這個前朝的禮部侍郎。就算他不找你麻煩，忠僕不事二主，咱倆乾脆隨皇上去了

吧。」看著妻子一個弱女子都這麼有氣節，錢謙益的老臉有些掛不住。他猶豫著用手試探了一下湖水。媽呀，冰冰涼。

他心虛地對柳如是說：「今晚這水太冷了，要不咱們改日再來？」

真是丟人丟到了家。柳如是氣得要昏過去了，行，你不跳，我跳。說完「撲通」一聲跳進湖中。

而李清照是比花蕊夫人和柳如是更堅強勇敢的女子。以身殉國固然英勇，但在絕境之下活下去，並且活得有意義，是更加需要勇氣的。

那時李清照失去了曾經深愛的丈夫，心裡能不難過嗎？即便是瀟灑小姐李清照，恐怕也常常在夢裡哭醒吧。如今再沒有人給她輕輕擦去眼淚了，所以哭完之後，李清照就自己安慰自己，有啥過不去的，喝一壺酒就好了，如果不夠，那就再來一壺。

況且那時的李清照，沒有那麼多時間傷心，她有更重要的事情要做，也就是保護好和丈夫用大半輩子搜集來的兩千多卷金石拓本和兩萬多冊古籍書卷。

10

李清照這時候已經五十多歲了，在戰亂中一個人又要躲避追兵，又要提防想偷她文物的不法之徒，還要保護好一馬車古董和書籍在路途顛簸中不受損壞，已經夠不容易了。但這時候，居然有謠言說趙明誠在去世前把一件珍貴的文物獻給了金國。這可把

李清照氣壞了。為了洗刷丈夫的冤屈，她便想著：要不我就忍痛割愛，把這些古董一起獻給皇上，看誰還敢亂傳謠言。

但宋高宗趙構這時候也忙著逃跑呢。於是李清照追隨著皇上逃亡的路線，一會兒走海路，一會兒走陸路，歷盡了艱辛。畢竟她發誓要用生命來保住這些金石寶貝，想到去世了的老趙，李清照又有些鼻酸：你已經去了，我們畢生的心血，我總要為你保住。

即便和趙明誠沒有熬過七年之癢，這也是她一生唯一愛過的男人。她時常想起和他「賭書消得潑茶香」的日子。那時兩個人兜裡都沒什麼錢，卻還在暢想著有朝一日發了財，一定要買回那幅《牡丹圖》。二十萬文，也太貴了吧。要攢多久的錢呢？李清照下定決心：「從今天起，我們家不吃肉了。」趙明誠苦著臉：「老婆，我從太學回家的時候總要開開葷吧，我們下館子去吧。」兩個人笑鬧作一團。

當時只道是尋常。只是那幅《牡丹圖》，還是沒能買回來，真是遺憾啊。

年過五十的李清照，想著過往的歲月，一個人駕著馬車，拉著一車文物奔走在蒼茫大地上。她佝僂瘦小的身影在夕陽裡越發清晰。

我隔著蒙塵的時光，逐漸看清她已經老去的容顏，那上面每一條細細的皺紋，都在訴說著她這不平凡的一生。她的眼睛，依然透著桀驁，依然有著年輕時又美又颯的神采。不知道她會不會在這條顛沛流離的路上想起她少女時代，那一天也是這樣的日暮時分，她興盡晚回舟，在藕花深處，沉醉不知歸路。

她一定很懷念當年的歲月吧。

李清照又在喝酒了。她好像總有喝不完的酒，剪不斷的愁。大概是因為，她這輩子經歷了太多磨難吧。

可是她的生命，並沒有因此而變得沉重。在大多數人心裡，李清照一直都是那個閑來無事賞賞花、喝喝酒、寫寫詞的婉約女子。她始終在自己所熱愛的詩詞歌賦裡徜徉，在花香和酒香中沉醉。她永遠是那麼輕盈，那麼自由，衣裙飄飄地佇立在一葉小舟上，和當年那個漫溯藕花深處的少女，並無區別。

她倚門回首嗅青梅的樣子，那一年定格在了趙明誠的眼裡；而她輕解羅裳，獨上蘭舟的樣子，則是永遠地定格在了歷史的畫卷中。

我漫穿無邊的時光，拂去歲月層層的蟬蛻，終於得見李清照小姐慵懶地臥在美人榻上，一手扶額，一手握著酒壺，對我緩緩開口道——

姐們兒，喝酒嗎？

景步航

李 香 君

（１６２４－１６５３／明朝）

秦淮女團C位出道

李香君

1

入夜時分，秦淮河畔鳳簫聲動，玉壺光轉，車如流水馬如龍。媚香樓的一間小房裡，有個女孩子正在練習彈琵琶，她一臉不服輸的模樣，看樣子是準備跟自己死磕到底了。

這是李香君今天第一百零一次練習彈奏《琵琶記》了。坐了一整天，屁股就跟黏附在了凳子上似的。白白嫩嫩的手指早就被磨出了水疱，抱著琵琶的手臂也是又酸又麻。但李香君還是咬咬牙，繼續練習。

這一段若是再彈不熟，今晚我就不吃飯了。

年僅十歲的小香君暗暗發誓，自己今後一定要成為大明娛樂圈中的一線小花。即便自己現在還是個十八線開外無人問津的小透明，只要足夠拚，足夠努力，便定能逆風翻盤，向陽而生。

這一遍終於沒有出錯，小香君這才放下她的寶貝琵琶。結束了一天的練習，夜深人靜之時，小香君才有工夫去回憶年幼時無憂無慮的日子。

1624年，小香君出生在蘇州。那時候他們一家人還住著大房

子，每天都其樂融融地團聚在一起。那時小香君還不姓李，而是姓吳。吳家也不是在秦淮河畔，而是在蘇州閶門一座氣派的宅院裡。雪白的瓊花掩映著朱紅的大門，院中傳來了小香君和兩個哥哥玩鬧的陣陣笑聲。吳府的一家之主，也就是香君的爸爸，老吳，在朝為武官。雖然整天忙於公務，卻總會勻出時間陪伴小香君。

此時明朝正值兩黨相爭之際，以魏忠賢為首的閹黨，以及以家國為己任的東林黨，誓要鬥個你死我活。香君的爸爸老吳是個有遠大抱負的同志，積極投入了東林黨人的活動。然而隨著大明的半壁江山逐漸落入了閹黨魏忠賢的手中，與之抗衡的東林黨人失勢便成了定局。香君的爸爸，作為東林黨成員，自然受到了牽連。吳家從此風光不再，一家人被迫開始了顛沛流離的生活。

那些幸福的日子，再也不會回來了。

小香君永遠不會忘記抄家那天，全家人都被官兵粗暴地趕出了吳府，小香君驚慌失措地躲著老爸身後，緊緊地抱著自己心愛的布娃娃。她不明白為什麼一家人突然被一群凶巴巴的官兵趕出了家門，也不明白為什麼自己不能帶走滿屋子的珠釵和衣裙。她眼淚汪汪地問爸爸發生了啥，可爸爸沒有回答她，只是一個勁地嘆氣。

老吳拖著一大家子人，四處尋找安身之地。錢包越來越癟了，而老吳又是戴罪之身，壓根就找不到工作。沒了經濟來源，又有好幾張嘴等著吃飯，這可咋辦呢？總不能眼睜睜看著孩子們活活餓死吧？老吳一家就這麼狼狽地輾轉來到南京。

老吳看著餓得面黃肌瘦的小香君，心疼得不行。但他自知無

力將女兒養大，便心一橫，將小香君賣給了一位叫作李貞麗的秦淮歌女，從此小香君便跟著她改姓李。

在古代，當貧苦人家實在養不起孩子了，便會忍痛將兒女賣給青樓或戲班子，雖然是下下策，但好歹能有口飽飯吃。日後這孩子若是有天資又夠努力，能夠成為青樓中的花魁或梨園的名角，便也算是有了個好出路。

買下了小香君的歌女李貞麗，是在秦淮河畔的青樓裡摸爬滾打長大的，如今也算是熬出了頭，成了這個圈子裡有頭有臉的人物。能在美女才女眾多的秦淮河畔佔有一席之地，李貞麗的實力自不必說。值得一提的是，她為人十分豪爽仗義。侯方域為李香君寫的《李姬傳》中，還專門提到其養母李貞麗「有俠氣，嘗一夜博，輸千金立盡」。就是說這姐們兒曾經和人賭博，一晚上就輸光了千金。如此豪放的做派，頗有幾分女俠行走江湖的氣概。

隨著年歲漸長，李貞麗便從藝人轉行成了經紀人，在秦淮河畔經營著一家媚香樓。她手底下帶出來的女孩子，個個拔尖。而數年後的李香君，便成了她捧紅的最為出色的女藝人。

而此刻媚香樓前，老吳眼淚嘩嘩地流，他在和香君做著最後的告別：「可憐我的寶貝女兒，是老爸對不起你啊。好歹你在這兒能有口飯吃，不用再跟著老爸餓肚子了。」說完頭也不回地走了。

離別來得太突然，小香君看著掩面而去的老爸，滿腦子問號：爸爸這是要幹嗎？為啥把我一個人丟在這兒？等緩過神來，她才意識到，爸爸這是不要她了。眼淚瞬間奪眶而出，可憐的小香君一個人在那兒哭得撕心裂肺，淚眼朦朧中，老爸的身影逐漸

消失在繁忙的街道盡頭，滿樓紅袖招的調笑聲逐漸淹沒了小香君的哭泣聲。

2

歌女李貞麗看著眼前哭成淚人的小香君，不禁想起了當年被賣到花船上的自己，心中有些不忍。她將這個小姑娘摟入懷裡。可李貞麗也很明白，落入風塵當歌伎的女孩子，哪一個不是有著淒慘的身世呢？若是每個都要她李貞麗同情，那她的兩隻手還真是摟不過來了。自己又不是聖母，媚香樓也不是福利院，來了這裡的女孩子，就得從小賣藝掙錢，換得在媚香樓的一口飯吃、一張床睡。

從此，小香君便不再有家了。她將寄浮萍之身於這秦淮河畔，或許身旁的李貞麗，將是她唯一的依靠。

雖然李香君餓了好些日子，面如菜色，整個人瘦瘦小小的，但李貞麗還是一眼看出了這個小姑娘是個美人坯子，可謂「粗服亂頭，不掩國色」，若是好好栽培包裝一番，定能在秦淮娛樂圈C位出道。於是李貞麗便成為李香君的養母兼經紀人。

剛被李貞麗收養時，李香君只有八歲，本應是無憂無慮的年紀。只是現在她再也不能在爸爸面前撒嬌了，也不能和哥哥們玩鬧了。如今的她，孤立無援，如同一葉小舟，孤零零地漂浮在滔天巨浪之中。養母李貞麗雖然是個暫時的依靠，可她們之間到底不是純粹的母女之情。小香君心裡很清楚，自己日後要是賺不了

錢，就得從這兒滾蛋，媚香樓從不養閒人。

作為一個高門大戶出來的女孩子，小香君的心氣極高，她不甘心當一個普普通通的小歌伎。她高貴的出身、過人的資質，都不允許她庸碌一生。即便生活給了她一次次重擊，但小香君絕不服輸。雖然拿著一手爛牌，但她偏要贏得精彩。這夜，秦淮河畔的月色清冷如水，浸得李香君徹骨冰涼。她心裡暗暗發誓，即便是流落煙花地，也得混出個名堂來。誰都指望不上，能救她脫離險境的人，只有她自己。

那些沒殺死我的，都將使我變得更強大。

秦淮河畔自古就是聲色犬馬之地。不過，這兒的女子也並不全是我們想像中那種從事皮肉交易的妓女。風塵女子也分三六九等，單純地出賣肉體是最末一流，俗稱窯姐兒，賣身不賣藝。還有很多女孩，憑著出色的容顏和才華，是賣藝不賣身的，她們就是古代的青樓女子，或者說，是歌舞女藝人。若是混得好的，不僅會有一堆粉絲追捧，生活也要比普通家庭的女孩子好得多。

每年青樓都會舉辦花魁大賽，評選出綜合素質最高的女孩子，成為門面擔當，隆重程度不亞於現在全民追捧的選秀節目。要想成為花魁，顏值高是最基本的，關鍵還得有內涵，要麼腹有詩書，要麼身懷絕技。一個青樓女子在成為花魁後，生活品質也會上一個臺階。有專門的小樓或畫舫住著，名貴的綾羅綢緞穿著，還有伺候在側的丫鬟跟班，表面看上去就跟富家大小姐沒什麼兩樣。

青樓屬於高端的文化娛樂場所，所以青樓女子就類似於交際

花，只和社會上層人士打交道。青樓可不是普通人想逛就能逛的，來訪者至少具備兩個要素：第一，得有錢；第二，得有文化。銀子是用來買禮物給賞錢的，不過這錢花出去也不一定能見到小姐，還得過第二關，文化素養測試。一般青樓的第一層是回廊，牆上掛著典雅的字畫，來訪者用筆墨在牆上題詩，只有文采好的，才有資格見到住在樓上的小姐。所以說，平民階層是逛不起青樓的。有錢有閒的文人，是青樓的主要客源。很多文人墨客藉著和青樓女子往來形成社團，他們在其中談詩論賦、商討政事。

3

古代娛樂圈和現在不同的是，那時候的歌伎、藝人、戲子，就算再受人們追捧，也沒有什麼社會地位。但和現在一樣的是，古代娛樂圈的競爭也十分激烈。南京自古出美女，秦淮河畔從來就不缺美麗的女孩子。李香君雖然好看，卻並不是那種傾倒眾生的驚豔型美女，想要光靠臉吃飯，還是差了一點意思。

養母李貞麗有意栽培香君，她隱隱覺得這個小姑娘是成為花魁的好料子，因此下了血本請人教李香君琴棋書畫、四書五經。畢竟有了一技之長傍身，才能在娛樂圈混得更加如魚得水。

事實證明，李貞麗沒有看錯人。李香君很爭氣，她天資聰穎，又勤奮好學，秉承著「努力努力再努力」的人生信條，勤勤懇懇地學詩學畫學琵琶。十三歲時的李香君，養出了一身書卷

氣，還彈得一手好琵琶。她那端麗優雅的身影，得體大方的言談，讓人恍然間忘卻了自己身在風月場，而是漫步在某個大戶人家的後花園裡，邂逅了這戶人家養在深閨、知書達理的大小姐。

出道了沒兩年，李香君就成了花魁。十五歲的她，出盡了秦淮河畔的風頭。

香君長得比較嬌小，走的是甜美溫婉的路線，藝名喚作「香扇墜」。不過她雖然外表看著是個甜心，內心卻是個妥妥的御姐。畢竟出來混了這麼久，世間的酸甜苦辣，李香君已經嘗了個遍，如果還是一顆玻璃心，那還不早就碎成渣了。

若是不堅強，脆弱給誰看呢。

生活的毒打，讓李香君的一顆小心臟歷經了千錘百煉。她看著柔柔弱弱的，實際上卻是個冰山美人。每每彈奏完一曲琵琶，她便靜靜坐在一旁，不言不笑。本是冰清玉潔的白鶴，一朝落入籠中，卻也時刻不忘愛惜羽毛。來訪的客人都說，李小姐不同於秦淮河畔其他嬌媚的風月佳人，她好似一株深谷幽蘭，只可遠觀，不可褻玩。

那些不入流的客人，就算砸再多銀子，也見不到李小姐一面。然而還是有那麼多人聞香而來，一擲千金，想要見上一面「香扇墜」小姐。整個南京城都在傳，今年的花魁出塵脫俗，她懷抱琵琶半遮面的樣子，簡直叫人心醉。

浮生長恨歡娛少，肯愛千金輕一笑。

作為花魁，李香君接待的都是醉月飛觴的文人雅士，或是身分貴重的客官。浪蕩粗俗之人，是沒有資格見到李小姐的。李香

君一直守身如玉，她與那些客官從來都無肌膚之親，只是彈琴品茗、吟詩作對。

李香君的座右銘就是：我身在風塵，卻心如明鏡。

可能有人會覺得，古代的男人真傻，花那麼多錢，到頭來只能和花魁嘮嘮嗑，連她的一根青蔥玉指都碰不到，不虧嗎？特別是那些文人雅士，什麼柳永、周邦彥，沒事就喜歡往青樓裡鑽，辛辛苦苦掙的銀子全砸在青樓女子身上了。杜牧甚至在詩中直言：「十年一覺揚州夢，贏得青樓薄倖名。」杜大才子在揚州的十年都泡在秦樓楚館裡了，而且這兒還成了他寫詩靈感的發源地。

實際上，那些高層次的青樓女子大多賣藝不賣身，所以這幫男人在她們身上是尋不到床笫之歡的。只不過是和那些女子喝喝酒，聽她們彈彈琴，銜觴賦詩，聊天品茗。其實很多文人雅士到青樓裡還真不一定是釋放欲望的，他們只是想找個紅顏知己說說話，寄託一下自己浪漫的情懷。

4

在「女子無才便是德」的倫理教育下，古代大部分女子都是大字不識幾個，更不用說吟詩作對了。即便是書香門第出身的女孩子，也只能讀一讀《女則》《論語》這種規範自身言行的書。她們學謹言慎行，學三從四德，學相夫教子，卻從未學過如何散發女性魅力，如何表達自己的情意。再者說來，正經人家的小姐們是不可以拋頭露面的，所以在結婚前，根本沒可能和未來的丈夫

談情說愛。

　　她們直接從深鎖的繡樓裡，稀里糊塗地被送到新婚的洞房裡。至於和那個男人相識相知相戀的過程，通通可以省略。

　　所以說，普通人是沒有機會談戀愛的。古代女子的任務就是傳宗接代，說難聽點就是生孩子的工具人。這對女性來說不公平，對男性來說也不公平。古代男人想要談一場浪漫的戀愛，簡直比登天還難。娶來的女孩子，在掀開紅蓋頭那一刻，有可能才是他倆見的第一面。若是之後能日久生情，倒也算幸運。若是不幸娶了個自己不喜歡的女孩子，那就自認倒楣吧。

　　而我們所熟知的那些轟轟烈烈的愛情，大多發生在青樓女子與文人雅士之間。這是因為他們有機會進行長時間的交往和磨合，能夠正兒八經地談一場甜甜的戀愛。

　　再者說來，古代良家女子雖端莊賢淑，卻大多不解風情，亦不懂吟風弄月，她們只知傳宗接代、侍奉長輩，卻毫無情趣可言。但青樓之中培養出了許多美麗的才女。歷史上赫赫有名的才女，如蘇小小、李師師、柳如是，都是一代名妓。

　　雖說墮入風塵並不是什麼好事，這些女孩子中很多也是身不由己才成為青樓女子的，但不得不承認，青樓中寬鬆而獨特的文化環境，讓這些女孩子能夠有機會學習很多普通女孩一輩子都不會接觸到的風雅之物，如詩詞歌賦、彈琴作畫。

　　從某種意義上來說，青樓是孕育美女才女的搖籃。儘管這種畸形的美麗背後，是女性被當作商品加工出售的殘忍，但不得不說，這裡的確誕生了很多合乎男人心意的風月俏佳人。她們會彈

琴，會作詩，不僅可以紅袖添香在側，還可以聞弦歌而知雅意，成為紓解男人們心懷的解語花。狎妓文化應運而生，而秦樓楚館，便也成了文人雅士之間心照不宣的寶藏勝地。

所以說，很多才子雅士慕名來到媚香樓，只是想見上李香君一面，和這位美女兼才女聊聊天。

侯方域也是萬千聞香而來的男人中的一個。

遇見侯公子這一年，李香君未及十六。

5

這位侯公子是個官二代，他的老爸叫侯恂，在朝中擔任戶部尚書。老爸很牛，兒子也不賴。侯方域並不是個只會拼爹、不學無術的紈絝子弟，而是個飽讀詩書的大才子。他不僅聰明好學，思想覺悟還很高，參加了著名文學家張溥等人創辦的復社，和陳貞慧、冒襄、方以智同稱四公子，可謂風流天下聞。

復社是明末的進步社團，雖然名義上是個鼓勵文人們切磋學問的文學社，實際上卻帶有濃厚的政治色彩。這幫進步青年以東林黨後繼為己任，反對奸臣宦官當道。說白了，他們就是以筆伐春秋的方式，暗暗地和以魏忠賢為首的閹黨對著幹。

侯方域加入復社，是深受他爺爺和老爸的影響。從侯方域的爺爺起，就看魏忠賢不順眼了，反閹黨的思想從此被當作傳家寶一樣代代相傳。

在官場上混，難免被算計。崇禎九年（1636），侯恂因得罪首

輔溫體仁而下獄。侯方域沒了老爸撐腰，也翻不出多大的風浪，只能和其他復社成員在秦淮河岸瞎撲騰。

崇禎十二年（1639）的某個夜晚，月色皎潔如霜雪。也不知有多少佳人的脂粉融入了秦淮的流水之中，才讓這如雪月色下的河面仍透著一絲嫵媚。

夜泊秦淮的侯公子，與朋友們喝得有些醉了。侯公子常常與朋友聚在這裡談詞論賦、狎妓玩樂。政治抱負不得施展的文人們，便將青樓當作一時的寄託，懷抱軟玉溫香的佳人才女，飲酒買醉以澆胸中塊壘。

此時媚香樓傳來陣陣悅耳的琵琶聲和女子的歌聲，想必是李香君又在演唱了。整個南京城，還有誰有如此甜潤的嗓音？又有誰能唱全湯顯祖的四本「玉茗堂」？侯方域不禁心旌蕩漾，他早就想知道，那棟繡樓裡，到底深鎖著怎樣旖旎的春色。

然而花魁可不是想見就能見的，首先得準備一大筆銀子作為見面禮。侯方域此時手頭並不寬裕，畢竟他老爸下了台，家境已不比從前。但李小姐的歌聲時時纏繞在侯公子的心頭，把他惹得都忘記了自己家中還有個髮妻，也忘記了自己兜裡的錢並不充裕。這天晚上，侯方域拿出了自己小金庫裡的全部銀子，敲開了李香君閨閣的大門。

他當時並不曾想到，自己也敲開了這個冷美人的心門。

本來這大晚上的，李香君練完琵琶，準備早早卸妝睡個美容覺了，但養母李貞麗突然推門進來，說大名鼎鼎的四公子之一侯方域馬上要來拜訪。李香君早就聽說四公子個個風流倜儻、才華

橫溢，便心想：我倒要見識一下，傳說中的大才子到底是不是名副其實。她補了個妝，準備見一見這位侯公子。

綽約的燈影裡，晚妝初了的李小姐明豔動人，侯方域看得不由得呆住了。而此時李香君也在細細打量眼前的侯公子。出道這麼久，李小姐也算是閱人無數了。那麼多的尋歡客來來去去，都是雁過無痕，從未在她心裡泛起過什麼波瀾。可是侯方域的出現，讓她的心裡第一次有了小鹿亂撞的感覺。

兩個人就這麼來電了。

這一年，李香君十五歲，侯方域二十一歲。

李香君很清楚的是，當藝人這條路是走不了多遠的。雖然現在是「五陵年少爭纏頭，一曲紅綃不知數」，但要不了幾年，等年華逝去之時，便只能落得「門前冷落鞍馬稀」。

古代的青樓女子，如果賺夠了錢，是可以和青樓解除合約並且退出娛樂圈的。像李香君這樣的當紅女明星，即使是上交了一部分銀子給青樓，這些年來自己攢下的私房錢，也絕對不是個小數目。所以說，她們壓根就不差錢，並不需要找一個固定的金主給自己提供經濟上的支援。如果她們遇上了情投意合又人品端正的男人，甚至都用不著這男人出錢，她們自己就願意拿出私房錢當嫁妝。

只是對李香君來說，要在諸多的恩客中挑選值得託付終身的人，實在是有一點困難。畢竟來秦淮河畔的男人，大多是風流之客。而那些老實巴交的普通男人，李小姐又看不上。

作為花魁，李香君這些年賺的錢已經足夠替自己贖身了。但

她還是在等著命中註定的有緣人，帶她遠離這風塵之地。

6

侯方域其實早已娶妻。十六歲那年，他在祖父的安排下娶了常氏。父母之命，媒妁之言，也沒人管他們喜不喜歡彼此，就把這兩人送入洞房了。侯方域後來專門為李香君寫過一本《李姬傳》，卻從未有隻言片語談及他明媒正娶的妻子。所以人們也自動忽略了他在遇到李小姐之前就已經有了個老婆的事實。

我們都愛看別人轟轟烈烈的愛情，卻不會在意它是否有悖道德。婚外情仍然可以被說成是追求真愛，畢竟所有這些，都是別人的故事。而且久遠的時間還為它加上了一層美好的濾鏡。而我們隔岸觀火，竟然覺得對岸的混亂有一種驚人的瑰麗，只因為我們不在火中。我們置身事外，將這段感情無限地詩化了。再加上李香君獨特的人格魅力，甚至讓它成為一段傳奇。

人人都道，這是一段屬於才子佳人的風花雪月，是多麼浪漫、唯美，令世人為之豔羨、為之慨歎。

冰山美人李小姐在侯方域溫柔的目光裡，融化成一汪春水。她見過那麼多的男人，卻從未有過這樣怦然心動的感覺。李香君取出了自己的琵琶，輕聲細語道：「侯公子，讓小女子為你彈奏一曲吧。」

聽李小姐一曲唱罷，侯方域的骨頭都酥了。再聊下去，侯方域便說起了他的老爸是怎麼因為跟魏忠賢對著幹而被削職的，李

香君心說：這不是巧了嗎？想當初我爹爹也是折損在閹黨手中。相似的人生境遇，讓李香君對侯方域除了心動，又多了一份同是天涯淪落人的惺惺相惜之感。

媚香樓的窗外笙簫漸歇，涼意漸深，而窗內燭火搖曳，春意漸濃。李香君從未留客到這麼晚過。

就在這時，外面響起了敲門聲。養母李貞麗的聲音傳來：「夜深了，侯公子請回吧，我家姑娘要歇息了。」李香君和侯方域聊得正歡呢，但養母都開口要送客了，李香君只好依依不捨地和侯公子道別。

此後一段時間，侯方域天天都來媚香樓找李香君。她為他彈琴，他為她寫詩。兩個人還經常泛舟河上，一邊欣賞槳聲燈影裡的秦淮美景，一邊聊詩詞聊古今聊人生。

這天晚上，畫舫之中的兩個人在說著悄悄話。侯方域深情地說：「親愛的，我很快就來娶你，從此你就有一個溫馨的家啦。」李香君聽了感動得眼淚直流。試問哪個女孩子聽到這樣的話不會被打動呢？特別是這麼多年都孑然一身的李香君，她一個人在外飄零，一個人闖蕩娛樂圈，她多麼希望，自己累了的時候可以有個依靠啊。此時李香君覺得侯公子就是她命中註定的人，哪怕侯方域在老家還有個妻子，但這些都不重要了。李小姐心裡甜甜地想：只要侯公子真心待我，就足夠了。

那時侯方域的確是愛李香君愛得死去活來的，家也不回了，老婆也不要了。他很快就決定，要為李香君舉辦梳櫳之禮，讓她風風光光地從媚香樓出嫁。

所謂梳攏，就是青樓名妓出嫁，終身只侍奉一人，不再接待別的客人。從此琵琶只為他彈，清歌只為他唱。而男方則需要備下厚重的聘禮，並邀請各界風雅名士前來捧場。舉辦這一場梳攏之禮，可要燒不少銀子。放在以前侯家得勢的時候，這點錢根本不算啥。只可惜如今侯公子時境落魄，囊中羞澀，欲得佳人卻拿不出那麼多禮金。雖然李香君的私房錢也能幫襯他一些，但侯方域好面子，他心想：若是我們結個婚還得讓香君出錢，那我的臉往哪兒擱呢。

侯公子日夜為此事發愁，他異想天開地做著白日夢：唉，要是天上能掉下一大包銀子，砸在我頭上就好了。

7

誰能想到，白日夢居然成真了。

這時候侯方域的一個朋友跳出來了，此人叫作楊龍友。他對侯方域說：「兄弟，我敬仰你文采風流，又是復社中堅成員。如今你有困難，楊某人願助你一臂之力，成全你和李小姐二人的美事。」說著便拿出了一包銀子。侯公子心裡那個感動啊，歎道：「真是人間有真情，人間有真愛，兄弟雪中送炭之恩我沒齒難忘，來日定當湧泉相報。」

侯方域當時也是有些疑惑的，楊龍友雖是自己的朋友，但他也不是大富大貴之人，怎麼突然如此慷慨大方？但侯方域急著迎娶佳人，也來不及多想，高高興興地用這筆銀子舉辦了梳攏儀

式。那天他邀請了一幫有頭有臉的人，擺了好幾桌宴席，可謂高朋滿座，賓主盡歡，隆重得堪比婚禮現場。宴會之上，他還將一把鏤花象牙骨白絹面扇贈予李香君作為定情信物。李香君依偎在侯方域懷裡，心中盛滿了歡喜和幸福。

只是她看侯公子為自己下了這麼大的血本，心中不禁有些疑惑：這一筆花銷可不小啊，侯郎哪兒來這麼多錢的？

疑問沒多久就被解開了。兩人得知，這筆錢其實並非出自楊龍友之手，而是來自一個叫作阮大鋮的人。阮大鋮雖然是晚明文藝圈裡大名鼎鼎的戲曲家和文學家，可這人人品是出了名的不行。作為一個精緻的利己主義者，阮大鋮見風使舵的功力已經達到了王者級別。東林黨得勢時，他依附東林黨；魏忠賢權傾朝野時，他歸附閹黨；後來等到明朝覆滅時，他便立刻歸順大清。

這次借楊龍友之手幫助侯方域，阮大鋮可沒安好心，他是想找個跟他同流合污的小夥伴。為了滲透進大明的文人高知圈，總得先拉攏其中的幾個成員吧。而侯方域便成了他的首要人選，畢竟侯公子作為名門之後，有人脈又有才華，在這個圈子裡是很有話語權的。若是能拉攏侯方域入僚，必定會對阮大鋮的仕途有所助益。

俗話說，吃人家的嘴軟，拿人家的手短。阮大鋮送來的錢花都花了，侯方域便有些心虛，他猶豫地跟李香君說：「要不咱們跟著阮大鋮混得了。」

李香君很清楚阮大鋮是個什麼貨色，她一聽說梳櫳之禮的錢來自他，氣得柳眉倒豎、杏眼圓睜。她衝著侯方域發飆道：「不就

是錢嗎！本小姐有的是。侯郎你有點骨氣行嗎？怎麼能跟阮大鋮這個垃圾同流合污呢？咱們就算砸鍋賣鐵，也得把這個錢還上！」

說完就去翻箱倒櫃，把自己攢的私房錢和首飾全都搜羅出來，先去當鋪變賣了心愛的釵簪玉環，又讓侯方域立刻找朋友四下借錢，最後總算是湊夠了數，拉著侯方域去把錢扔還給了阮大鋮，然後瀟灑轉身，頭也不回地走了。留下阮大鋮在那兒惱羞成怒，氣得快要原地爆炸了。

沒有對比，就沒有傷害。相比李香君，侯方域就顯得很沒骨氣了。

但其實，侯方域原來並不是個沒有原則的軟骨頭。當他年少時，就已經有修身治國平天下的政治豪情了。十七歲的小侯就知道為老爸分擔政事，代父草擬《屯田奏議》，洋洋灑灑數萬字，條理清晰，辭藻得當，因此文揚名天下。放在現在，也就相當於一個高三學生，卻已經有能力向國家高層提議治國之道了，而且還邏輯嚴密，言之有理，期於可行，的確是有經世致用之才。

然而當時的大明王朝已是搖搖欲墜之勢，崇禎帝有心治國，卻能力不足，只能無可奈何地看著他的臣子們在窩裡鬥個你死我活，混亂的黨爭將大明王朝進一步推向了崩潰的邊緣。一個曾經煊赫的王朝，如今卻在苟延殘喘。有志之士雖有救世之心，卻也無力回天。侯方域曾經也是其中滿懷豪情壯志的一員，只是殘酷的現實讓他逐漸心灰意冷。

他已不再是當初那個少年。

8

崇禎十七年（1644），李自成發兵攻佔北京，絕望之下的崇禎帝在煤山自縊身亡。王朝的興衰更迭，只在彈指之間。天子死了，明朝的皇親貴族和文武大臣都像無頭蒼蠅一樣，紛紛逃往南方，此時清軍的鐵騎還未踏上淮河之南的疆土，所以在名義上，淮河以南仍屬於明朝，而南京城便成了福王稱帝之處，史稱弘光皇帝。

阮大鋮作為一棵敬業的牆頭草，很快抱上了弘光帝的大腿。他親自為弘光帝撰寫歌詞劇本，成為皇帝身邊的大紅人。小人得勢是最可怕的，昔年拉攏侯方域不成而反被羞辱的事，阮大鋮始終懷恨在心。作為這個故事裡的反派角色，阮大鋮是絕對不會讓這件事輕易地翻篇的，於是他尋了個莫須有的由頭捉拿侯方域。

此時清軍已佔領北方，正虎視眈眈地盯著淮河以南。南明被滅是遲早的事，繁華即將覆滅，可秦淮的一泓碧水卻依舊不知人事不知愁地東流而去，南京城仍在做著最後的綺夢。秦淮河畔依舊是軟玉溫香，侯公子正和他的李小姐在這裡過著神仙眷侶般的日子呢。

雖然兩人還了阮大鋮銀子之後，日子過得有些拮据，侯方域也總是擔心委屈了曾經的花魁小姐。但李香君絲毫不在意，她溫柔地對侯方域說：「親愛的，我沒有漂亮裙子穿也沒事的，反正我長得好看穿啥都美。就算布衣荊釵也無妨，我們保全名節才是最重要的。」

侯方域緊緊地把李香君摟入懷中，心中感慨萬千：我這是娶了個仙女吧，如此美麗，如此有才，最難得的是還如此有氣節，真是侯某平生之大幸啊，以後我定要護她周全。

然而當阮大鋮要抓捕侯方域的消息放出來後，侯方域一下就慌了神。他心裡怕得要命，決定逃離南京避避風頭。臨走前他慌慌張張地對李香君說：「親愛的，阮大鋮要抓的是我，他應該不會為難你的，你就留在這兒吧。」說完便倉皇離去。

李香君心中對侯方域的失望又多了一層。大難臨頭，他卻只想著自己逃跑，置我於不顧，是我所托非人嗎？李香君也想過挽留，可侯方域執意離去，她也無可奈何，只能一個人待在秦淮河畔。畢竟她一個弱女子，又能跑去哪裡呢？她從小在秦淮河邊長大，這裡就是她的家。如今形勢再不妙，她也只能在此暫棲己身了。

李香君從此閉門謝客，洗盡鉛華，過著猶如隱居一般的日子。唯願平靜度日，再無波瀾。

這就正中了阮大鋮的下懷：想當初李香君這小妮子讓我顏面盡失，如今可算是落到我手裡了。阮大鋮真是一肚子壞水，他明明知道李香君已是侯方域的人了，卻極力攛掇皇上身邊寵臣田仰納李香君為妾。這田仰也不是個好東西，萬曆年間貪污被貶，如今巧言令色，巴結上了弘光帝，和一群奸臣狼狽為奸。

李小姐當然是誓死不從了，好你個阮大鋮，果然是個趁火打劫的小人。憑你是誰，也休想碰本小姐一根頭髮。

阮大鋮猥瑣一笑：「李小姐，別掙扎了，你就等著明天花轎來接你吧。」第二天田仰果然帶著一群人吹吹打打地來迎娶李香君。

李香君那個氣啊，心想：自己寧願死，也不要嫁給這種人渣。於是竟然卯足力氣，一頭撞在欄杆上，鮮血一下就濺上了侯公子所贈的那把摺扇，點點血跡像極了桃花，煞是淒豔。在場之人都嚇壞了，田仰等人見真的會鬧出人命，也不敢再多加逼迫，只好灰溜溜地走了。

後來楊龍友丹青妙筆，在扇面上略加幾筆點染成桃花，遂成桃花扇。

9

不幸中的萬幸是，李香君這一撞並沒有危及性命。可是前路如此渺茫，李香君已經敏銳地感受到，這個王朝正在發生驚天動地的巨變，而自己作為這亂世中如此微小的一個生命，恐怕會身不由己地被捲入洶湧波濤之中。

的確，李小姐一個弱女子，要背景沒背景，要靠山沒靠山，本以為值得託付終身的侯公子，在這緊要關頭還跑了。李香君不禁有些心灰意冷，說好的同甘共苦呢？侯公子給了她柔情，給了她承諾，卻也給了她綿綿無絕期的等待。

想到阮大鍼隨時可能再次上門找麻煩，李香君有些心慌。她很清楚的是，自己是個烈性子，若是和那幫壞人硬碰硬，肯定會吃虧。惹不起我還躲不起嗎？於是李香君便閉門不出，安安靜靜地在家養傷。

然而阮大鍼聽說自己的奸計沒有得逞，決定使出第二個損招。

阮大鋮自從抱上了弘光帝的大腿，膽子就更肥了。這一次他打著聖諭的幌子，將李香君徵入宮中當歌姬。這一招李香君著實無法拒絕，畢竟一個身似浮萍的小小青樓女子，哪裡能忤逆天子呢？

宮門一入深似海，從此侯郎是路人。

李香君站在雕龍畫鳳的宮殿前，懷裡緊緊抱著那把鮮血畫就的桃花扇。此生還有機會和侯郎見上一面嗎？她的眼裡，盡是無望燃燒卻不肯熄滅的火焰。她多想讓鴻雁傳書，給侯公子帶去她的思念，也多想撲到他懷裡痛哭一場，訴說他不在時她所受的委屈。可是此時清軍和南明的軍隊正打得不可開交，交通全部癱瘓。欲寄彩箋兼尺素，山長水闊知何處？

1645年，清軍南下，攻佔揚州，又直逼南京，弘光帝倉皇而逃。城破之際，李香君混在宮女太監中逃出皇宮，回到秦淮河畔的住所，卻不想聊寄浮萍之身的小樓已在熊熊戰火中毀於一旦。曾經笙簫不斷的人間極樂地，如今已面目全非，盡是瘡痍。

多少繁華，就此風流雲散。

10

這一切，都來得太快了。彷彿只一聲戰馬的嘶鳴，天地之間便乾坤顛倒，江山易主。

李香君默然地站在秦淮岸邊，恍然間不知人間何世，今夕何夕。她似乎聽到了南京城因背負著巨大的傷逝之痛而發出的沉重喘息，可是她沒有聽到侯方域在混亂中喊她名字的聲音。

李香君並不知道，這天晚上，她心心念念的侯郎，正在南京城內。侯方域還算有點良心，他一聽說南京陷落，就心急火燎地趕回來尋找李香君。可惜兩人於長板橋錯身而過，連天烽火中竟沒有發現彼此。

　　或許自侯方域匆匆出逃那刻起，李香君便已在內心和她的侯郎一遍遍地進行著永訣。

　　李香君這輩子最大的錯誤，就是看走了眼，愛錯了人。侯方域作為一個本應鐵骨錚錚的大男人，卻是個實打實的軟骨頭，甚至逐漸變成了和阮大鋮一樣的貨色，做了一系列毫無節操的事。當他意識到明朝大勢已去時，便立刻轉變立場，當了大清的走狗，還幫著清軍鎮壓明末的起義。在大明亡國後，前朝遺民侯方域馬上靦著臉參加了大清的科舉，但沒想到實力不夠，堂堂的大才子居然落榜了。之後他還不安分，為了功名向大清出了個餿主意來平定叛亂，就是掘黃河，以水為兵。結果呢，竟然淹死了包括起義軍與平民百姓在內的數十萬人，氣得清帝從此再不許他參謀政事。

　　背叛了前朝，又不被清朝當權者待見，侯方域可以說是個實實在在的人生失敗者了。沒風骨，沒能力，做了缺德事為世人唾棄，中年的侯方域幾乎經歷了社會性死亡。他一直鬱鬱寡歡，卒於三十七歲。若不是李香君，這個叛徒恐怕都不會再被世人提起。侯方域在歷史上留下的一點痕跡，可以說都是沾了李香君的光。

　　桃花褪豔，血痕豈化胭脂。

　　豆蔻香銷，手澤尚含蘭麝。

李香君能有那麼大的魅力，甚至位列秦淮八豔之一，不僅僅是因為她長得美麗有才氣。更是因為她見證了王朝的更迭，她的身世也和這段歷史緊密地糾纏在一起，所以世人皆道，「桃花扇底送南朝」。

李香君為世人所銘記、所傾慕，一次次地出現在詩詞歌賦和文學作品裡，還因為這個女子雖然柔弱似水，內心卻宛如堅冰。自古女子的情思總是更為綿長，更為堅貞，不僅是對於愛情，更是在對待家國大事上。李香君只是一介小小的青樓女子，卻比大丈夫更有原則，更有氣節，在人品道德上全方位吊打侯方域。

誰說商女不知亡國恨，隔江猶唱後庭花？

聽說後來，在戰亂中受盡磨難的李香君，同昔日的秦淮姐妹卞玉京一同在棲霞山出家為尼，長伴青燈古佛。那些「一曲紅綃不知數」的日子，已經離她很遠很遠了。再後來，侯方域找到了李香君，她便以妾的身分嫁入了侯家，她刻意隱瞞了自己曾是秦淮歌伎的身分，只為求一份安穩。可是幾年後她的公公侯恂無意得知此事，李香君被趕出侯家，流落荒村。

她的一生，也就這麼草草結束了。

如今的秦淮，已無畫舫青樓，可是這流淌千百年的秦淮水，卻藏著多少羅愁綺恨。當年那個怯怯的女孩子，就在這秦淮河畔一步步地成長起來。她乘風破浪，披荊斬棘，成就了一個女人的史詩、一段時代的傳奇。

佳人羅衫掩面，回眸一笑，就此鋪陳開了一個王朝的興衰榮辱。